Fragmentos I:
realidad y verdad

Fragmentos I:
realidad y verdad

Carlos Alexander Cancio

Luscinia C.E.

© Carlos Alexander Cancio
Editorial Luscinia C.E.
San Juan, Puerto Rico
2015

@ lusciniace@gmail.com
https://www.facebook.com/luscinia.ce

Edición de texto: Lorna Polo-Alvarado, Irma Rivera Colón,
René Rodríguez Ramírez y Liza Pérez

Diseño de portada: Alexander Cancio

Foto de Portada: Alexander Cancio

ISBN: 978-1-944352-03-5

A María Mercedes,
con quien los parámetros
de lo posible siempre
están en juego.

Prefacio

13

Introducción:
fragmento, compromiso y proceso

17

I. La coyuntura postmoderna

25

II. Cultura, contracultura y su objeto

29

III. Recasting the Latin American
Postmodernism Debate

33

IV. La subversión de la semiótica

47

V. Democracia, desarrollo,
justicia y descolonización

53

VI. The Aesthetic in the Postmodern
and Global Age: Agency, Play, Signifier

59

VII. Economicismo, dimensiones del presente
y la crisis actual

65

VIII. Hacia un "giro discursivo"

69

IX. El nacimiento del ser humano

75

X. La universidad contemporánea y
los Estudios Culturales

81

XI. La "fotografía" del hoy

87

XII. Hacia la paz urbana, el desarme
del país y el fin de la prisión

93

XIII. Reading, Writing, Object:
Anti-disciplinary Research and its Context

97

XIV. La estadidad y el problema colonial

105

XV. Las Comunicaciones y su evento

109

XVI. El grado "cero" de la fotografía

115

XVII. Towards a (Latin American)
Post Avant-Garde

121

XVIII. Puerto Rico ante los Estudios Culturales

131

IXX. Historia y cine: una comprensión
posnacional del presente

137

XX. Miedo, crítica y subversión:
el discurso contemporáneo de la política

147

XXI. Ante la clausura de la política:
poder, ética y lo político

153

XXII. Archaeological and Genealogical
Notes of Latin American Intellectuals

167

Referencias

191

Prefacio

He escrito en dos idiomas: inglés y español. No lo he hecho por ninguna razón de índole oficial o por desapego nacional; tampoco, porque los ensayos estaban, en un inicio, convenientemente escritos en uno u otro idioma. Lo he hecho, al punto de evitar la traducción, debido a, precisamente, los asuntos de "origen" que subyacen los textos que siguen a continuación. Además, lo he hecho porque, aunque de una forma compleja, el bilingüismo y su crítica, en un entorno como el de Puerto Rico, son parte central de la lógica del fragmento. El fragmento emerge, así, cuando entramos en contacto con el origen del lenguaje y, con ello, con la naturaleza lingüística de los límites del sujeto. Entonces, es, precisamente, una agencialidad que subvierte el origen del lenguaje y su sujeto.

En realidad, y espero explicarme a continuación, *Fragmentos I* está escrito en inglés y español porque aspira a un dominio que revierte a un tercer idioma. Este podría, incluso, reorientarlos a los dos, el español y el inglés; inclusive, podría reorientar la concepción del bilingüismo que manejamos comúnmente. Es esta última razón la que le da sentido al uso de dos idiomas en el texto (aunque esa misma formulación ya contenga parte de la lógica fragmentaria que se articula en él).

Si no fuera a considerar temática, formal y teóricamente ese espacio, el del fragmento y su matiz bilingüe, y, por ende, el uso de los dos idiomas, el dato principal que subyace a mis reflexiones estaría paralizado como la entidad que es. Claro, darle cabida a la agencialidad del fragmento es una forma, como apunta Mowitt (2005), de instituir un modo de reflexión que, por un lado, presenta una relación con el lenguaje y, a la vez, está conectado con el contexto de donde esta emana. En nuestro caso, el contexto desde donde "habla" el fragmento es el contexto poscolonial y globalizado del presente y del entorno puertorriqueño. Es, pues, un contexto particularmente histórico que, de todas formas, remite al lenguaje, en el caso del inglés y en el caso del español, más allá del dato obvio que dice que ambos son idiomas y, como tal, lenguajes.

En pocas palabras, el bilingüismo no es exclusivamente el uso de dos idiomas, sino una forma de hacer a los idiomas entenderse con el contexto desde donde emanan. Esa comprensión y la presencia de ese lenguaje, el que versa sobre el contexto desde donde surge hoy día el idioma, conforman aquí el razonamiento del bilingüismo, el fragmento, su tercer idioma. Es lo que, de cierta forma, permite el "tercer vocabulario" que comienza a surgir aquí. Debo aclarar, antes de que mi uso del inglés y del español pase como una invocación de un presente meramente multicultural, que mi interés va más allá de ese reconocimiento. Mi interés es ir al contexto desde donde emana el lenguaje como formulación en cualquiera de los dos idiomas, incluso, en su acepción multicultural.

Cuando he dicho que el tercer idioma que uso podría reorientar los primeros, es porque esa tercera vía aspira a situarse en el momento en el que el colonialismo y su expresión neocolonial toman forma. La intención del posicionamiento del fragmento, de su vocabulario y de su agencialidad es desplazar el ordenamiento falocéntrico de estos, tanto del inglés como de español. Ambos, el español y el inglés, toman contemporáneamente un matiz neocolonial en el contexto puertorriqueño ante el cual el vocabulario y la agencialidad del fragmento son más elocuentes y claros.

La tercera vía y su modo de reflexión sitúan, así, a mi manera de ver las cosas, la problemática del colonialismo dentro de una óptica poscolonial de forma macroscópica. La crítica del neocolonialismo está aquí situada entre los lenguajes del colonizado y los del colonizador, pero para reorientarlos a ambos. Es por eso que no solo he invocado a Mowitt (2005), quien participa del problema del lenguaje en relación al cine, sino que es a esa reorientación de los lenguajes del colonizado y del colonizador que responde uno de mis planteamientos principales sobre el fragmento. Es decir, como ampliaré más adelante, la agencialidad y el vocabulario del fragmento tienen expresiones concretas en cada uno de los ensayos que conforman este texto. Estos, al mismo tiempo y en la mayoría de los casos, aportan vocabularios y se adentran en un presente que está fragmentado desde la óptica de su historia. Así, el fragmento puede ser palpado, aunque no es lo mismo que el contexto que lo ve nacer, desde la fragmentación del presente.

Definitivamente, el uso y la teorización del fragmento no autorizan a utilizar un idioma indistintamente de otro. Lo que sí hace es conectar un lenguaje al "modo de producción" de cada uno de estos para acentuar un tipo de reflexión que comprende una nueva demarcación de cualquiera de los dos lenguajes, el del colonizado y el del colonizador. Esa lógica es fragmentaria porque se sitúa en el momento en que la reflexión sobre el lenguaje se conecta con la pérdida de su presencia. Por ser esta una ausencia que, de todas formas, está presente, reordena el falocentrismo de una y otra posición, de uno y otro lenguaje, porque es un acceso a los mecanismos de posibilidad de ambos idiomas que, como entidad, resultan, por así decirlo, de su matriz institucional.

Entiendo, entonces, que el fragmento es una invitación a pensar la procedencia del lenguaje, como dice Mowitt (2005), de aprender a conectarlo con su origen, un origen que la semiótica y el psicoanálisis sitúan dentro del lenguaje, aunque sea de forma negativa, como indica Lagaay (2008).[1] Esa es la localización del fragmento y su inmersión en un entorno multicultural y "bilingüe", que es, comprometidamente el otro del falocentrismo (los polos que ordenan el lenguaje en el contexto puertorriqueño a principios del siglo XXI). Esa es, de la misma manera, la problemática del bilingüismo dentro de la situación espacio-temporal en la que nos encontramos. Es lo que explica y, en cierta medida justifica, mi uso del inglés y del español en la articulación de este texto.

Mi interés, vale ser enfático, es el "modo de producción", siempre lingüístico, pero ciertamente institucional, de los dos idiomas, para tener un acceso a un tercer idioma que revela la forma y la manera en que estos se reproducen como instancias institucionales. Al así proceder, pienso, es posible continuar un proceso que ya ha comenzado en muchos lugares del mundo: la reconformación de la crítica desde dentro del entorno fragmentado de la postmodernidad. El fragmento, he querido decir, es una figura crucial en ese "descubrimiento" institucional

---

[1] La negatividad a la que se refiere Lagaay (2008), haciéndose eco de las enseñanzas de Lacan, es la que procede del descubrimiento de la presencia de una ausencia. Por eso, la presencia a la que se refiere no es una presencia absoluta, sino que, en todo caso, se refiere a una presencia que existe en la aprehensión de su ausencia. Es decir, es un silencio (acepción negativa) en la conformación de una voz (acepción positiva) en vez de una presencia como tal. Lo que este proceso indica es que hay, más que una presencia, un proceso que compromete al lenguaje como institución.

porque demuestra la presencia de la ausencia del sujeto del lenguaje, cualquiera que este fuere. Así, demuestra una agencialidad que no carece de historicidad, pero que definitivamente debe reordenar la mirada crítica desde el propio "origen" del lenguaje, además de, incluso, la posibilidad de esa mirada crítica (en el sentido en que ilumina un proceso de conversión del origen del lenguaje en sí mismo).

Introducción:
fragmento, compromiso y proceso

En el sentido más superficial, el presente volumen es fragmentario por lo que sus ensayos pueden ser leídos individual o alternadamente. En un sentido algo más amplio y complejo, estos guardan, de forma global, una relación con un concepto del *fragmento* así como este pudiera leerse en partes de la teorización posestructural de mediados del siglo XX.[2] De ninguna manera, sin embargo, el espíritu de este texto y del proyecto teórico del que es parte, pretende, bajo la figura de un objeto parcial –el fragmento– una comprensión totalizante de sí mismo ni del concepto que esboza. Mi interés es otro.

Si bien el fragmento ha existido dentro de la historia de la modernidad, como sostiene Linda Nochlin (2001), mi interés es una redirección de esa comprensión para comprometer la naturaleza misma de la modernidad, del fragmento y, posiblemente, la de la historia. Es decir, mi proposición, que muy bien pudiera estar fraguada dentro de la pérdida de la totalidad, esboza una figura que es parcial, no porque es un pedazo o una parte de la totalidad en sus piezas, sino porque su propia historicidad compromete la presencia o la ausencia que fuera.

La relación con el fragmento que invoco, una que no me pertenece, es una relación, un deseo incluso, que aspira a distanciarse del conocimiento objetivo (a través de la "presencia/ausencia" de un objeto parcial en el lenguaje). Más que eso, es un deseo de transformar el objeto y el sujeto mismo del conocimiento (en tanto que comunicación, historia, estética, identidad, verdad y realidad). Es, como ha dicho

---

[2] Aunque la definición del fragmento es lo que pretendo en esta introducción, es necesario especificar la procedencia del concepto según está teorizado aquí. Las presencias que primordialmente condicionan mi formulación son, por un lado, Mowitt (1992, 2005) y Barthes (1977a, 1977b) y, por otro, Lacan (1998b).

Barthes (1977a; 1977b), una transformación de los lenguajes, hasta ahora secundarios, que dan razón de los lenguajes, hasta entonces primarios, del conocimiento moderno. Si esta concepción, obviamente rudimentaria e inicial, se sitúa en la crisis de las metanarrativas que inauguran la postmodernidad, no es porque mi formulación se distancie de la idea del compromiso. Mucho menos, porque no exista una dimensión política que se articule desde el concepto del fragmento. La política y el compromiso son, más bien, mis intereses principales.

Aunque la idea del compromiso es una de las posibles pérdidas que la crítica ha sobrellevado en el momento postmoderno, aquí es aprehensible desde el fragmento, en tanto reformulación de la naturaleza del objeto mismo del conocimiento, así como de su sujeto. Es en este sentido que el presente volumen es fiel a su título y así es como esta introducción es fiel al suyo. ¿Cuál es la relación de *Fragmentos I*, entonces, con el fragmento que, como bien arguye Camelia Elias (2004), es una inmersión en la estética, la poética y el "performance"?

El presente volumen alude a la superficie más profunda, y valga la contradicción, del proceso teórico que desarrolla una relación con un concepto que "revela" una preocupación con un objeto lingüístico que es únicamente un objeto parcial que está sumido en el lenguaje, en tanto que fenómeno semiológico. Es decir, un objeto que es parcial porque es un *proceso* y una funcionalidad en vez de una totalidad (ni siquiera en su comprensión como una parte que pudiera haberse desprendido de una totalidad) o una entidad institucional. Como diré más adelante, por ejemplo, ante el objeto antidisciplinario, el fragmento es una entidad en el lenguaje, una lógica suplementaria y un sinónimo de apertura. Proposiciones, que si no literales en cada uno de los textos, están presente en ellos como búsqueda. Por eso, el presente volumen, en la medida en que es parte de la articulación del fragmento es, en ese mismo sentido, fragmentario. Es decir, es parcial.

El texto no solo es parte de un contexto fragmentario según ha comentado Jameson (1990) con relación al presente, sino que su disposición como texto es distinta a la totalidad, de tema, de forma o significado. Si, como he dicho, este texto es una búsqueda teórica de un proceso como el que propone Elias (2004), es en sí, además, una actuación del lenguaje. ¿Por qué, entonces, es necesaria esa búsqueda y cuál es el propósito de este volumen?

El presente volumen tiene como propósito inscribirse en los esfuerzos de remotivar lo político dentro del mundo postmoderno del que somos parte. En ese sentido, el texto, aunque reconoce a plenitud la historia del simulacro, la fragmentación y la desintegración, es parte de la presentación, a través de una búsqueda, de un concepto que se constituye como tal, como he indicado en el Prefacio, a través de una reflexión de la motivación, es decir, del contexto, de un ámbito institucional. Si este es el caso, el presente volumen aspira a participar en toda una serie de esfuerzos para repensar lo político, para instituir una política distinta a la que hemos practicado y que, muy posiblemente, esté en estado de defunción.

Por ejemplo, cuando hago expresiones sobre el debate histórico sobre Puerto Rico y su estatus político, ello supone/implica/conlleva varias cuestiones: primero, reconocer la condición histórica del debate, es decir, el contexto que lo condiciona; segundo, rastrear los fundamentos de la política desde la óptica del debate; y, tercero, proponer una "salida" mediante el fragmento, aunque este esté condicionado por el simulacro, la fragmentación y la desintegración del mundo postmoderno. De esa manera, el propósito del texto y su participación en la articulación del fragmento es la motivación o, mejor, la remotivación de los límites de lo político.

Lo político viene a ser, dentro del entendimiento propuesto, coexistente con el fragmento, es decir, un *proceso* desde el fragmento: el preciso momento en que el origen del lenguaje y el lenguaje mismo son subvertidos para constituirse en una entidad que es más y menos que ambos. Incluso, pudieran constituir la contradicción de una redistribución. Ciertamente, con proposiciones como estas, la convicción nihilista de algunas de las vertientes postmodernas queda definitivamente soslayada desde el concepto del fragmento aquí propuesto. Claro, detallar los parámetros de estas posibilidades políticas es mucho más de lo que se puede decir en este texto.

Ya sea para describir un giro discursivo, la subversión de la semiótica, los avatares de la identidad, de la historia, del texto en su acepción antidisciplinaria, de la estética en la postmodernidad o de la ley misma, es la institución de un proceso parcial lo que caracteriza mi reflexión. Es a ese nivel, como he intentado explicar, que este texto es una aspiración al fragmento (tanto en lo que abre futuros ejercicios en la escritura y la teoría, como el lugar en donde se sitúan los presentes ejercicios reflexivos), a la vez que nace dentro de un contexto, como el postmoderno, que es fragmentario. Ambos procesos inciden en el estilo y formación conceptual que es este volumen. Sin embargo, en ningún momento existen bajo la renuncia o la renuencia de lo político. Es, todo lo contrario, para participar en su remotivación que se presenta aquí el concepto del fragmento. Este esfuerzo es, debo aclarar, distinto a un retorno al ratio moderno o a la sumisión al "paradigma" postmoderno. Aunque de forma muy cruda, esta distinción es parte de la contribución de Martin O'Shaughnessy (2007) cuando teoriza la nueva cara del cinema político en Francia. Él es del parecer que, bajo el concepto del fragmento, se da toda una serie de relaciones nuevas y, asimismo, paradigmáticas, con relación a la política luego del colapso de la izquierda internacional. No hay, entonces, razones para meramente aceptar el contexto actual. Con conceptos como el fragmento, lo que podemos hacer es generar vocabularios para entender esa diferencia.

La diferencia que invoco, pues, es posible establecerla claramente con relación al trabajo de Nochlin (2001). En este texto, el fragmento yace como el fundamento de una construcción total. Por eso es que, en Nochlin surge como una metáfora de la modernidad. Mi intención, aunque todavía debo clarificar con mayor detalle su 'presencia', es entender el fragmento, en todo caso como la posibilidad de redistribuir una totalidad. Por eso es que he dicho que el fragmento no es una parte de un todo. Es, en cambio, una agencialidad y un proceso de redistribución en vez de una instancia institucional. Pero, precisemos la concepción del fragmento y lo que es en sí, para dar por terminada la relación, en esta introducción, del presente volumen con el concepto que lo nombra.

Si se trata de transformar el conocimiento objetivo, es decir, de un objeto y su sujeto, el fragmento no es otra cosa que la entidad lingüística que surge como efecto de esa transformación. El fragmento es, por tanto, la contradicción y la "interioridad" de un lenguaje primario dentro de uno secundario que está en búsqueda de su identidad en el preciso lugar en donde las fronteras entre objeto y sujeto pierden concreción. Es el lugar y el momento en que el sujeto y el objeto del lenguaje entran en contacto con la ausencia que sostiene su presencia. Ese proceso es, precisamente, lo que he querido llamar el *fragmento*, un concepto que en sí mismo está definido por un proceso y la actividad de lo que en inglés ha venido a conocerse como *becoming*. Es decir, un proceso de conversión, de construcción o de redistribución.

Barthes (1977a; 1977b) hizo señalamientos extensos sobre lo que es el texto, como lo ha hecho Mowitt (1992) en la acepción antidisciplinaria de este. Mi intención no es decir que he descubierto un sinónimo del concepto desarrollado por ambos (es decir, el texto). Mi intención es describir un cambio en el objeto y el sujeto mismo del conocimiento. Un cambio que es "performativo", estético y que pertenece a la reformulación de la identidad del lenguaje y su conceptualización.

Si bien el objeto y el sujeto del lenguaje han existido como un ente positivo o negativo, el fragmento es la apertura de la matriz que los sostiene como entidades institucionales. El fragmento en sí es, entonces, y en pocas palabras, una de las dimensiones de la agencialidad del texto que existe fuera de la lógica del conocimiento objetivo y, además, del subjetivo. De esta manera, el fragmento es testigo del nacimiento de un objeto distinto, pero no del todo diferente del conocimiento que antes fue.

Si el texto nombra un desplazamiento disciplinario, una ruptura epistemológica (Barthes, 1977a), el fragmento es una cualidad que define la "performatividad" de cierta dimensión del texto. Si fuéramos a reducir el texto a su entidad más rudimentaria, antes de que este, incluso, se conforme como un andamiaje de símbolos, tendríamos que nombrarlo, con la dificultad que ello acarrea, como un fragmento.[3] Sin embargo, el fragmento no contiene, de ninguna manera, el texto como entidad semiológica. Es decir, el fragmento o su multiplicación pueden existir en un texto, pero el texto no es contenido por este, aunque sí es un fenómeno semiológico. El presente texto es una búsqueda de esa entidad, de esa presencia que únicamente se manifiesta como el rastro

---

[3] Aunque en ocasiones lo parece, el fragmento no es un sinónimo del *pequeño objeto a* que teorizara Lacan. Mientras que para Lacan el *pequeño objeto a* es sinónimo de una falta fundamental en el sujeto, aquí constituye una redistribución del orden del sujeto y el objeto. Es decir, es una entidad que, más allá de ser una falta, es la posibilidad ulterior de presentar, mediante la presencia de una ausencia del sujeto de la modernidad, una redistribución de este. Para Lacan, el *pequeño objeto a* es anterior al sujeto. Para nosotros, es constitutivo de lo que este puede o no puede ser. Ver, Lagaay (2008) y Lacan (1998).

de una ausencia que definitivamente le pertenece. Por eso es que el fragmento es el momento en donde la presencia del lenguaje entra en contacto con su apertura o lo que es la presencia de la ausencia del sujeto en el objeto, y viceversa.

Si es de "fronteras" de lo que he estado hablando, existe una última consideración que es necesaria para articular la definición del fragmento. Ello conlleva delimitar algunos de los peligros del proceso conceptual del que participamos.

El presente volumen está asediado por el campo metodológico conformado por la actividad textual y, aunque no aspira a silenciarlo, sí aspira a comprenderlo en el lenguaje. Ese asedio, para ser más específico, es el que representa las fronteras de la creatividad y el lenguaje de la teoría cuando, en tanto que lenguaje, se encuentra con su propia imposibilidad, es decir, su apertura como sujeto y objeto del lenguaje mismo. Es la contradicción paradojal que amenaza con erosionar el fragmento para uno u otro lugar, para desbordarlo o para clausurarlo. Es esa "frontera", sin embargo, la que designa el sentido más claro de lo que es el fragmento. El fragmento es así parte de las fronteras de lo político y es de carácter inaugural en ese ámbito. El fragmento y su escritura, como he sugerido desde el título de estas reflexiones iniciales, son un entendimiento del compromiso y la política. Eso nos aleja, tal y como he querido decir, de cierta compresión del presente postmoderno y de lo que parecen ser sus compromisos políticos.

¿Cuáles son los procesos que deben guiar el replanteamiento del nivel institucional que autoriza al sujeto de la postmodernidad (es decir, el sujeto híbrido), su individualidad, su soberanía? ¿Cómo debemos entender la nostalgia, según esta se desprende de textos como el de Myrna García Calderón (1997) que, mediante la coartada de la polivalencia, caracteriza la teoría contemporánea? No hay duda de que las cosas han cambiado en la postmodernidad. No hay duda tampoco de que la fragmentación es parte esencial de ese proceso.[4] Sin

---

[4] En el sentido más literal, lo fragmentario sugiere división y rompimiento de algo, que hemos posiblemente pensado o entendido como una totalidad. Mi interés, aunque ese es un síntoma importante del mundo contemporáneo, es entender la posibilidad conceptual de la apertura del sujeto y objeto del lenguaje, en vez de únicamente su fragmentación. La idea es, así, aquilatar algunas de las posibilidades

embargo, debemos ejercer cautela para no precipitarnos y ver en la llamada polivalencia, en cierta noción de la fragmentación, una realidad verdaderamente cambiada al nivel del poder. Esa es una tarea, para hablar con rigor teórico, que queda por hacerse, así como queda la reinvención, en todo caso, de la labor del intelectual y el artista en tiempos como los nuestros. Es, a su vez, a esa nomenclatura ideológica, la que conforma la verdad y la realidad, según la entiende Žižek (1998), que debemos redirigir los esfuerzos para teorizar el texto y el cine puertorriqueño en tiempos en que la nación sufre de un profundo desgaste.

La última manera que el presente volumen es fiel al fragmento es en la medida en que aspira a permanecer abierto para futuros cuestionamientos. Es, dicho sea de paso, en esa apertura en donde radican, igualmente, su compromiso y su ética. La razón es porque el fragmento es una entidad ambivalente, entre la historia y su propia formulación, que permanece abierta a su final. Ese es el límite del fragmento, el cual es un proceso redistributivo que lo excede y que le confiere una condición de proceso que, como he podido apuntar en el Prefacio, existe aquí como una redistribución de un contexto falocéntrico que, según sostienen Negri y Hardt (2000), es, a su vez, postmoderno.

Ni la redistribución ni la postmodernidad son sinónimos de una evaporación del poder, la desigualdad y el ordenamiento burgués de las cosas. Son, debo decir, sus coordenadas actuales, unas coordenadas que, si bien la postmodernidad las presiona de distintas maneras, pero no las extingue, las que están en juego en este preciso momento.

Finalmente, porque existe una gran complejidad que es mucho más amplia de lo que razonablemente se puede trabajar en este volumen, debo hacer una última, pero breve salvedad. Dentro de las relaciones que establece el presente volumen, pretendo darles continuidad a los temas que he elaborado aquí en *Fragmentos II* y en *Fragmentos III*. El primero de ellos incluirá un tratamiento estético, narrativo y semiológico de la presencia del fragmento en el cine, y cómo este, por ejemplo, presentaría una serie de estrategias desde lo político. El segundo será igualmente estético y "performativo", pero en relación a la escritura, la

---

políticas, teóricas y conceptuales de una apertura, en vez de, únicamente, un rompimiento en fragmentos u objetos parciales. El fragmento, según planteado, nombra un momento en la conformación de un sujeto en proceso.

literatura, la ley y la violencia. Estos dos volúmenes se nutrirán, como deberá haber quedado claro en este primer volumen, de un proceso que redistribuye el origen del lenguaje en su dimensión metateórica y conceptual para hacer de él un proceso, más que un estado per se, puesto que el fragmento es un fenómeno semiológico que no puede, realmente, ser postulado como una entidad, sino como un proceso. Es, en sí mismo, si es que podemos decirlo de esa manera, la presencia de la ausencia en el origen del lenguaje.

Entonces, *Fragmentos I*, valga la repetición, es la inauguración de un tipo de reflexión que conecta al lenguaje con su "modo de producción" y tiene en el fragmento una descripción cabal de la redistribución de ese tipo de institución. Sus parámetros de militancia son los parámetros de la apertura conferida por la presencia de una ausencia en el seno del sujeto de la modernidad. Se trata de un origen que, de un tiempo para acá, parte desde una apertura, en vez de únicamente desde la clausura. Ese es parte del "descubrimiento" del fragmento, un proceso que no puede ser postulado desde un ámbito institucional, sino como un proceso.

La coyuntura postmoderna[5]

Que a la palabra postmodernidad le preceda el prefijo post, no quiere decir que designe un cambio, ni siquiera un cambio propiamente de épocas. Sin embargo, ambas posibilidades (entender lo que es diferente hoy con respecto al ayer, y la posibilidad de conceptuar un cambio de épocas) se hacen factibles con el término. La utilidad de la palabra y su elevación a un concepto no constituyen una necesidad que sea fácilmente constatable en la práctica. En su sentido coyuntural, cuando se trata de la política, el asunto es aún más complejo. Aunque existe una gran distancia conceptual entre el postmodernismo y el posestructuralismo, este último conforma una diferencia dentro del momento histórico contemporáneo que podríamos denominar postmodernidad porque es a los valores de la modernidad que ha dirigido su poder intelectual.

Es a la universalidad y a la metafísica, a los límites del pensamiento y la acción moderna, que el posestructuralismo ha dirigido su acción crítica. Es por eso que la coyuntura postmoderna debe ser definida como la reevaluación de los límites que la modernidad estableció como suyos. De otra forma, el postmodernismo no es más que un discurso que no puede establecer distancia crítica para con el contexto de donde surge. Es decir, al no poder reevaluar los límites del presente, el postmodernismo no hubiera sido más que parte de la carga ideológica del capitalismo tardío.

Los mayores malentendidos con respecto al postmodernismo han surgido por el acceso y la crítica a la metafísica de la modernidad que es parte de la historia del posestructuralismo. Desmenuzar este concepto para aislar una coyuntura histórica que pueda atribuírsele hace necesaria la salvedad de que no trato de legislar ni predecir el futuro desde el

---

[5] Una versión previa de este ensayo fue publicada en la revista *Cruce Digital* el 2 de abril de 2012.

prisma de un concepto histórico y filosófico. Después de todo, el prefijo post, parece establecer los parámetros de un futuro posterior a la modernidad. El inicio de la coyuntura postmoderna, si se me permite el uso de la temporalidad, está en la crítica del ente positivo que presentó la modernidad para articular una ciencia, una literatura, una cultura y un pensamiento propio.

Si existe una sola institución que ha sido observada críticamente en nuestros tiempos, esa es la figura institucional de la razón. Lejos de eliminar la posibilidad de pensar, el postmodernismo es una forma de entender cómo la razón se ha pensado a sí misma, cuándo toma posiciones en un campo social. Por eso, son la Ilustración y la figura de Kant, así como son los procesos históricos de la Revolución Francesa y la de los Estados Unidos, las que están en juego con la crítica postmoderna. La idea es aprender de los años en que se implementó la voluntad de la Ilustración y el espíritu de la Revolución de los Estados Unidos como procesos históricos. Es ante esas experiencias que el postmodernismo ha traído atención y distancia crítica a la modernidad.

Es cierto que ni Foucault, Derrida, Kristeva, Barthes o Lacan hablaron de postmodernidad. Bajo el denominador postmodernidad también discurre un fenómeno cultural que no fue atendido por ninguno de ellos, aunque contemporáneamente pudiera erosionar los planteamientos fundacionales de todos ellos. Para revisar ese proceso cultural, necesitamos adentrarnos en el trabajo de Lyotard y el de Jameson.

Aunque no es la única consideración, parte del asunto del postmodernismo ha estado cifrado bajo los designios de la simulación y el simulacro.[6] En otras palabras, en el aislamiento de una lógica cultural que surge de la masificación de la cultura y que carece de un referente en la realidad. Si la simulación y el simulacro han sido teorizadas por Baudrillard (1995; 1983) como la caída de la realidad, no es porque no existan alternativas a ella o que la simulación y el simulacro sean el estallido final del nihilismo en la postmodernidad.

La discusión postmoderna en los Estados Unidos, gracias al trabajo de Fredric Jameson (1990), ha tenido que ver con la periodización del tiempo y el espacio del capitalismo y su cultura. En Francia, gracias

---

[6] Existe una tradición amplia y una extensa discusión sobre asuntos relacionados a la simulación y el simulacro. Estos se remontan desde la misma Antigüedad hasta las discusiones contemporáneas. Ver, por ejemplo, Deleuze (1987) y Baudrillard (1978).

al de Lyotard (1984), con el acceso a la metafísica de la modernidad. Aunque entre Lyotard y Jameson existe una semejanza –ambos hacen referencia a un cierto tipo de fenómeno–, su análisis es eminentemente distinto. El primero periodiza el capitalismo y, en su última fase, lo describe como tardío y postmoderno; el segundo, además de diagnosticar, propone un análisis de la metafísica de la modernidad que, como síntoma, se cataloga como lo postmoderno.

En el trabajo de Jameson (1990) podemos distinguir que no se excluye la simulación y el simulacro y que la realidad en el postmodernismo cambia en forma y contenido. Es por eso que el concepto postmodernismo es útil, pues nos sirve para entender un espacio cultural distinto a la modernidad. El hecho de que el postmodernismo también hable de una lógica analítica no debe desmerecer sus contribuciones. Todo lo que dice es que existe una forma distinta de saber y plantear la acción que no podía vislumbrarse con la modernidad. Es este análisis el que debe definir la coyuntura postmoderna.

La crítica al sujeto universal ha sido entendida como un ataque voraz a los principios progresistas de la modernidad. Reevaluar la metafísica de la modernidad, sin embargo, no es más que proveer lenguajes sobre el lenguaje para expandir y cambiar las agendas de aquello que existió como metafísico en el andamiaje moderno y que hoy resulta problemático. Eso es mucho más y mucho menos que adjudicarle al postmodernismo solamente una lógica cultural que, incluso en los trabajos de Jameson y Lyotard, entra a considerarse como lo que el pensamiento piensa de su propia motivación y del contexto que lo hace posible.

El postmodernismo es, entonces, ese momento coyuntural en el que la institución del hombre, el sujeto universal, es criticada por su universalidad y por su carácter metafísico. El posmodernismo, así, expande y cambia nuestra manera de pensar y de saber porque cambia lo que se puede saber de los principios institucionales del sujeto de la modernidad, unos principios que organizaron y organizan los sistemas políticos que conocemos como modernos. Hoy, ese importe revolucionario, y me refiero no solo al de las revoluciones proletarias, sino a la francesa y a la norteamericana, está bajo reevaluación porque existe una posibilidad ulterior a la metafísica y a la universalidad que planteó la modernidad.

Mucho queda por hacerse como parte del debate postmoderno, entre lo que está un nuevo modelo de acción para el pensamiento y el arte, una nueva ética y un proyecto pedagógico. Lo que sí es cierto es que esos proyectos deben verse dentro de una diferencia que se vislumbre bajo la denominación de lo postmoderno como análisis y como lógica cultural. Es esa diferencia la que imprime novedad a una posibilidad que estaba consumida con el desgaste de la modernidad y sus proyectos. Ya hoy no es suficiente plantear la universalidad ni la metafísica, aunque la posición desde donde se problematizan haga necesario que el pensamiento y la acción se replanteen sus posibilidades, sus prioridades y sus marcos de referencia.

La diferencia que existe entre un diagnóstico cultural y un síntoma analítico es la determinación coyuntural postmoderna. El asunto, así planteado, no es que la verdad sea inexistente. Es, por el contrario, entenderse con su forma de existencia: una metafísica y una universalidad que han matizado las experiencias de la humanidad desde el siglo XIV hasta el XX y que hoy están bajo el crisol crítico de la postmodernidad. No entender la expansión del pensamiento que bajo el postmodernismo se vive es no querer ver que existe una condición de la cultura que es postmoderna, pero, a su vez, que existe una manera de obtener distancia crítica de esta. Esa diferencia es el importe coyuntural del postmodernismo a principios del Siglo XXI.

Cultura, contracultura y su objeto[7]

Pareciera ser que la cultura y lo simbólico debieran entenderse, pues ambos hablan de la producción de signos desde la comunicación, como sinónimos. Como no todo es cultura ni todo son símbolos, cabe la posibilidad de que surjan/existan construcciones diferentes a ambas, es decir, desde la cultura y desde lo simbólico. Es más, el orden de lo simbólico, para que ese concepto logre adjudicarse sentido, depende de una irrupción de lo semiótico dentro de su textura significante. Es así, entiendo, que lo simbólico cobra sentido, como la entidad significante que debiera ser, y que lo cultural pudiera recuperarse bajo un matiz que no sea una copia de lo que ya es. Si lo que está en juego es la definición de la naturaleza de una posvanguardia, un entendimiento de la crisis de las vanguardias y un proyecto que parta de estas (para habilitar una posibilidad ulterior), el sentido de lo simbólico, de lo semiótico y de la cultura son claramente esenciales. Específicamente, debemos entender cuál es la posibilidad de la diferencia dentro de la textura de lo simbólico/cultural.

La posvanguardia que será posible, sin embargo, tendrá que esperar a que el proyecto de pensar los lineamientos de lo que cuenta como diferencia puedan articularse dentro de una cultura masificada y mediatizada como la del mundo contemporáneo. Por lo pronto, se hace necesario decir que lo que está en juego ante la crisis de las vanguardias y la posibilidad de una posvanguardia es el tipo de objeto que consideramos arte. Es, en otras palabras, un cambio en el objeto mismo que es el arte y en las responsabilidades creativas de los artistas, lo que permea una concepción del arte a principios de este siglo. Este proceso teórico, desembocará, con toda seguridad, en una ética distinta de la creación, del arte y del artista durante el siglo XXI.

---

[7] Una versión previa de este ensayo fue publicada en la revista *Cruce Digital* el 5 de marzo de 2012.

La crisis de las vanguardias está cifrada en la irrupción de la moda, la sociedad de masas y el postmodernismo, dentro de la textura del objeto que conocemos como arte. Se dice que el proyecto de las vanguardias y la contracultura no ofrecieron realmente nada en el orden de la diferencia a la cultura de masas a la que decían oponerse y que su proyecto ha venido a servir como una lógica comercial como tantas otras (Sarlo, 2001 y Yúdice, Franco y Flores, 1992). Es decir, que las vanguardias se han convertido, porque siempre lo fueron, en parte de los íconos de la economía y la sociedad de masas a las que decían oponerse. Es en ese marco de acción que se hace posible articular un proyecto posvanguardista, aunque, como he dicho, sea necesaria la definición del objeto que llamamos arte antes de entendernos, directamente, con su naturaleza como movimiento.

En Puerto Rico, el asunto de la contracultura y de las vanguardias no está lejos de la condición que les aquejan en el escenario latinoamericano o el europeo. Ese espacio está tan colonizado por la publicidad, la moda y la decoración como lo está allá. Los ejemplos de Calle 13, Draco y el movimiento urbano ponen de manifiesto que, bajo el nombre de la contracultura y la transgresión, se crean y ocupan espacios en ámbitos del mercado que están lejos de ser una alternativa a la cultura dominante.

Mi interés, más que hacer señalamientos sobre la calidad de trabajos que pueden todavía considerarse contraculturales, es auscultar su funcionamiento como objetos artísticos. En términos generales, el trabajo de Draco, el de Calle 13 y el del movimiento urbano lo que han logrado es la comercialización del margen. Aunque eso resultase conmovedor desde el punto de vista de la cultura o el de la política, hoy día debemos esperar más de una contracultura e, incluso, de artistas que reclaman para sí la diferencia dentro de un marco cultural como el nuestro.

Draco ha logrado una fanaticada que sigue el margen de la poesía. Calle 13, como el movimiento urbano, ha logrado popularizar el margen del barrio y el residencial, cuando no el de América Latina y el de la revolución. Ninguna de las dos lógicas, aunque sí presentan diferencias para con otros artistas, constituyen rupturas ni alternativas a la cultura dominante. Es decir, en la medida en que existe una cultura, Draco, Calle 13 y el movimiento urbano cómodamente existen dentro y son parte de la cultura dominante. No habría más que indagar las idealizaciones del cuerpo femenino en Draco y el rol de la mujer en el movimiento urbano para descubrir concepciones tradicionales en ambos.

En tanto que objeto cultural, es de repetición masificada de lo que hablan Draco, Calle 13 y el movimiento urbano. Muy a la distancia queda el derrotero de reinventar la cultura o de presentar una ruptura para con esta. Muchísimo menos, el ofrecer una resistencia a la cultura globalizante y occidental que caracteriza el principio de siglo.

La alternativa y la diferencia que invoco, pues, no pueden darse a costas de la difusión cultural de los artistas que he utilizado como ejemplo ni pueden darse en el margen o por el margen mismo. Por el contrario, la posvanguardia debe estar motivada por la reorientación de la cultura mediante el desplazamiento del centro y del margen. Debe ser, como sostiene Raymond Williams (1978), una cultura emergente.

En el cine, por ejemplo, el asunto de la posvanguardia es el de replantear la representación mediante la reestructuración de la forma fílmica. Es decir, ¿cómo puede el cine transformarse y descubrir la naturaleza lingüística de su significante para rehacerse como objeto dentro de la cultura? Mediante esta preocupación estamos ante el surgimiento de una nueva escritura fílmica y un nuevo ámbito de la experimentación. La literatura, por su parte, no está ajena a la socialización del canon, el descubrimiento de la naturaleza lingüística de su significante y, posiblemente, de su articulación como una instancia antidisciplinaria. Todas estas posibilidades se sitúan en el momento en que es viable repensar el objeto que llamamos arte.

Mi planteamiento, valga aclarar, no es del todo nuevo. Sí es novedoso el atar la posibilidad de una ética del artista al "descubrimien-to" de un nuevo objeto y, entre ambos, cifrar la posibilidad de una posvanguardia que replantee los proyectos de la vanguardia, unos proyectos que tienen que indagar cuál es la forma del arte en momentos en que la diferencia ha sido colonizada por la moda y la publicidad. En ese sentido, el cómo se dice el cine o la literatura es tan o más importante que lo que estos dicen. Ya Roland Barthes (1977b) ha hablado ampliamente del tránsito del libro al texto y ha sido claro sobre las implicaciones epistemológicas de ese trayecto. Estoy consciente de que el reto que se cierne sobre los artistas hoy día se ha complicado con las lógicas del postmodernismo y con la sociedad de masas. Ese es precisamente el punto. Sin embargo, lo que está en juego es menos el margen y la diferencia por sí misma que un objeto cultural distinto que pueda leerse desde el margen únicamente.

Si nuestro interés es la transformación y la "desalienación" de la cultura, lo que realmente importa, desde esa óptica, es un objeto que amplíe el ámbito de la cultura, en vez de meramente reproducirlo. El objeto al que hago alusión es el objeto cultural que surge, como mencioné con respecto al cine, cuando descubrimos que la naturaleza de la cultura, incluso su existencia como naturaleza, adolece de referente porque este es tan lingüístico como los recursos que lo hacen posible e inteligible. Claro, el punto no es intelectualizar la cultura, sino cambiarla desde dentro de los parámetros que establecen el postmodernismo y la sociedad de masas.

Si bien es cierto que es imposible resolver todos los asuntos de la posvanguardia en estas páginas, la urgencia y las limitaciones que confronta la clase artística debe ser suficiente para debatir ampliamente qué es arte y cuál es su relación con la ética y la cultura dominante. La propia identidad de un artista, en la postmodernidad, está en juego, fuera de toda duda.

Entonces, el proyecto artístico de hoy debe comenzar a reflexionar sobre la condición de la estética en la postmodernidad y cuál es la forma de esa reflexión en tanto que objeto de arte. Si bien el símbolo ha gobernado por mucho tiempo estas esferas, es mediante los planteamientos del signo y la semiótica que articularemos las voces de una posvanguardia a principios del siglo XXI. Nuestra era, incluso en el arte, será una desde la heterotopía, una lógica que no está en guerra con el otro, los silencios de la postmodernidad y los de la sociedad de masas. Todo lo contrario, la heterotopía es un concepto que parte de la presencia de la ausencia del otro (De Certeau, 1978). Si es de rupturas de lo que se trata, es, entonces, a la forma, al cómo de lo que se dice, que se debe el asunto de la contracultura y su objeto a principios del siglo XXI.

Recasting the Latin American Postmodernism Debate: Thinking, Ethics, and an Outside

Since its inception, the postmodernism debate in Latin America has been discussed along terms that are eminently postcolonial (Beverly, Oviedo & Aronna, 1995). This is due to the fact that, albeit with different emphases, the debates have been in Latin America underscored by the question of the subject. In other words, what is the subject? What kind of relation it maintains with the West and what is the place of its difference in the international world? It is a hybrid subject that emerges as the answer of the Latin American postmodernism debate (so as it has been the case in the postcolonial debate). This is the case when postmodernism in Latin America is discussed as a cultural, historic or academic phenomenon. Culturally, the hybrid has been the product of the crisis of Latin American culture diagnosed by Yúdice, Franco and Flores (Yúdice, Franco & Flores 1992). Historically, it has been the proposition of Oviedo, Beverly, Aronna and Volek (Oviedo, Beverly and Aronna, 1995 & Volek 2002) when they spell a Latin American postmodern condition. Academically, it represents the latest upheaval of Latin American cultural studies (Trigo, 2004).

Although there are reasons to believe that the hybrid represents a difference (one that has produced changes in Latin American cultural studies, for instance), its thinking, thus far, does not addresses the context that propels its emergence as a cultural artifact. To make matters worse, it is quite likely, as Žižek has suggested with regards to multiculturalism, that the hybrid is no other than an ideological fabrication of late capitalism (Žižek, 1998). To factor in the context in which the hybrid emerges is to, by the same movement of thought, outdistance the hybrid's production as a social artifact, problematize it as an institutional instance and consider it as an ideological artifact. This is to, in a word, recast the terms of the postmodernism debate in Latin America because the problematization of the subject would make the debate factor in the foundations and institutional motivation of the hybrid subject. It is to, by the same token, ask the debate to shift its emphasis from positing on the hybrid into the nature of its thinking, its basis, its ethics, its possibility and its alternative image. It is to immerse ourselves in the foundations of the thinking of the subject, the means of possibility of the debate.

Latin America Writes Back: Postmodernism and Periphery presents a way to fold utopia as a form of modernization and to present postmodernism as the latest Latin American attempt at modernization. Although this collection of essays undertakes different aspects of a Latin American postmodernity, within its context the hybrid is Latin America's experience as history. Latin America is said to be, in postmodernism, a collection of premodern, modern and postmodern logics. In a similar way as the authors of the collection *The Postmodernism Debate in Latin America*, the continent is said to be postmodern *avant la lettre* due to a hybrid experience in its history and culture. Beatriz Sarlo (2001) undertakes a different reading of postmodernism, a version that pays attention to the cultural logic of peripheral postmodernity. Sarlo spells a condition in which the liberal ideals of collective action, democracy, culture, politics, and intellectuals are subsumed by the commercial and fragmented cultures of postmodernism. This vision of postmodernism is far from the traditional hybrid conception of the subject but it is also far from the specification of the subject I am calling for.

Yúdice, Franco and Arona (1992) present yet another form of the postmodern debate that lacks a specification of the subject. Yúdice, Franco and Arona understand that postmodernism and its subject are part of a crisis of centrality and the privatization of culture that stems from the neoliberalism of the 80's. Although their insights are important to understand the changes in Latin American culture, they lack a specification of concepts that are crucial to their formulation. That is, as I have suggested, what can be gained in the specification of the subject. If the debate, as it does, lacks a reflection on its own institutional grounding, it is closed to its own production and institutional alliances. It is through a reflection on the subject that this possibility can be dispelled to, in fact, enter into a consideration of what is to think and its image in postmodernism.

If I call for a recasting of the debate, it is because the hybrid is only a partial undertaking of the terms of modernity and one that installs a difference, obscures its specificity and remains inattentive to the spatio-temporal composition of the subject. These terms, if the postmodernism debate will truly specify the composition of the subject and its place in the core-periphery dyad, must be clarified to the point in which the subject becomes a possibility rather than a new proposition. It is, to be brief, the postcolonial that makes peripheral the postmodern and the postmodern that addresses the proper analytical foregrounding of the postcolonial when the first is understood as the outdistancing of the project of modernity, while the other, as a questioning of the foundation of the subject (rather than its positive formulation). By questioning the hybrid I am not calling for a return to a modern nor to a eurocentric subject. My intention is to bring forth a discussion beyond the positivity that the hybrid still is, and to unravel the question "what is to think?" to, on the one hand, problematize the subject, and, on the other, bring the question of thinking to the center of the debate.[8]

To bring forth postcolonial and postmodern theorizing to consider its motivation is to reorient the debate, a recasting of its terms, because far from proposing a subject, as used here, the intersection between postcolonialism and postmodernism is an interrogation of the subject, the very means and foundations of the debate.

In the Latin American postmodernism debate, the hybrid is the difference from the modern West that, as such, embodies the postmodernism of the periphery, a difference whose postcolonialism is engraved in the border character of the postmodern subject. If this is the case, the postmodern subject is not only a positivity, but also one whose agency is rendered as a difference that can be exerted against the modernizing West. Needless to say, the solution is not to, as it were, assimilate the subject to the West, neither to relativize it. The problematization of the subject I discuss below paves the way to an understanding of the institutional underpinnings of the subject to, by the same movement of thought, take into consideration the rationality that thinks

---

[8] For this task I extensively draw upon Foucault's oeuvre. In contemporary theory he has been the one that, more specifically, has problematized the subject of modernity and the one that has given new breath to the question of thinking. See Gordon (1980), Foucault (1984 & 1986).

the subject and the context that allows such a reflection.[9] In that way, the institutional underpinnings of the subject can be taken into consideration, at the same time, that a shift is experienced in the terms of the postmodernism debate.

My contention, needless to say, is not to dash off postmodernism nor postcolonialism. It is neither to brand useless the concern for a post-occidental space which has contemporarily arisen in Latin America. In fact, a definition of both terms, postcolonialism and postmodernism, even if it is difficult, ought to be firmly posited so that sense could be made out of the amazing proliferation of material on the topic. The theoretical stakes in the postmodern debate, as charted here, are not meant to suggest that there is nothing to be done with regards to the core-periphery dyad or, much less, that there is nothing which can be done with regards to the idea of Latin America. On the contrary, it is precisely because something needs to be done with the core-periphery dyad that an intervention is necessary at this moment. Such an intervention needs to be accessed through the very intelligibility of the subject, rather than simply naming it anew.

To steer the debate into a consideration of its foundations is to recast its terms precisely along the lines of what makes the subject intelligible, of what makes it possible in the first place. It is to enter the spatio-temporal composition of the subject. To inscribe exceptionalism by way of a combination of distinct and differing cultural traits, is still the same old modern concern. After all, the West itself could claim a hybrid identity (the mixing of Roman, Greek and Christian cultures) without ever displacing the nomenclature that upholds it as a subject. It is really the institutional nomenclature of empire that ought to be at stake in the postmodernism debate, a nomenclature which is founded on the subject.

---

[9] Although not in exactly the same way as I want to convey it, John Mowitt has problematized the advent of the text in the poststructuralist nomenclature. His proposition is such that the subject can be thought by taking into consideration the context in which its reflection emerges. Mowitt has gone far in explaining the way in which this theoretical maneuver transforms the text and compromises some of its power. By the same token, he explains the way in which this thinking empowers thought and practice at another level. See, Mowitt (1992).

It is in Foucault that one finds the vectors of power, knowledge and self related in a way that phenomenology becomes an instance of epistemology (Deleuze, 1986). This being the case, one gains from Foucault a problematization of the subject which is rather absent from the discussions of the debate and one which reveals the subject in its possibility, in the limits set by discourse. In turn, it is in Deleuze that one finds process as an image of thought in such a way that the subject is subverted as the institutionalization of closure, sovereignty, and individuality that it currently is.

It is, paradoxically, in the intersection, that is, in the encounter between Deleuze and Foucault, that an alternative to the modern formulation of the subject is to be found because neither of them spoke of postmodernism nor of postcolonialism. They did understand, and that was Foucault's proposition in undertaking the history of the thinking of the subject, that the subject had an inside whose closure was rendered by way of a relation to its outside. In other words, with the analytical category of discourse, Foucault was able to travel into the rules of formation of the subject (that which makes it possible in the first place). This "infrastructure" ought to be the place of the postmodern and postcolonial debates in Latin America if the aspiration is to transform the core-periphery dyad. Further still, if critical reason is going to have the opportunity to chart an ethics that would be a resistance to the very modern tenants of eurocentrism (Shohat and Stam, 1994), it is because it will be able to think the nomenclature of the subject.

My questions are not an undercovered way to bring back the populist imperative of a more inclusive socious. They are a way to infinitize experience by rendering the national/international self opened to the plurality of its others and "beyond" metaphysics (thus postmodern), at the same time in which it subverts the limits of the home and the world (thus postcolonial), by allowing critical reason to problematize the foundations of the subject, rather than fabricating them anew. That is the true potential of the postmodern and postcolonial debates, a possibility which is engraved in the proper consideration of the rules of formation of the subject.

Below I discuss the idea of the outside as it developed in Foucault to, as I have mentioned, enhance the possibility that the postmodern debate in Latin America could access the subject from the point of view of its possibility, rather than positing it anew (even in the unquestionably different form of the hybrid subject). At the same time, it is my intention to bring forth to the core of the debate the question of "what is to think?". The concept of heterotopia is discussed with relation to Deleuze's use of Foucault's work. My intention, it needs to be said once more, is not to squander or eliminate the subject, but to rethink its formulation as a positive instance. It is, thus, within the horizon of a post-occidental moment, that I work, but I do so from the point of view of the foundations of the subject in order to rethink its possibility.

The Latin American postmodernism debate and its postcolonial tones can be recast to understand its institutional underpinnings, grasp the subject as the institutional equation that it is, and as an immersion in thinking and its ethics. These discussions are pertinent today, given the changed terrain of culture, history, and the academy in the dawn of the 21st century. They are also cortical to the very idea of resistance, and the transformation of the core-periphery dyad central to the intellectual agendas of the continent.

Foucault, the Outside, Thinking…image of thought

If there was something that haunted Foucault's career, suggests Deleuze, it was the figures of the outside and the meaning of thinking (Deleuze, 1986). For Foucault, this thought process developed, on the one hand, through the categories of power, knowledge and the self and, on the other, problematizations (Gordon, 1980). Although the category of the law is more directly related to the vocabularies of psychoanalysis, with Deleuze and Foucault's encounter, that is precisely what can be accomplished, a process that is latent yet unaccomplished by Lacan, not to mention Freud. That is why Deleuze said that Foucault turned phenomenology into epistemology. He did not recovered the essence of the subject but what makes it possible even if its rules of formation are unstable, fluctuating, and mobile. It is as part of his search for a way out of the philosophy of the subject that one encounters Foucault's relations with the outside and his fascination with madness, unreason, and literature and, later on, with "the possibility of thinking otherwise" (Perbalt, 2000). It is, in turn, with the analytical category of discourse that Foucault gained access to the formation of the subject and the production of statements that constituted it as object.

Foucault's interest in the outside is thematized since the very beginnig of his career. Both, *I Pierre Rivière* and *Madness and Civilization*, are early formulations of these problems, as the *History of Sexuality* is a later consideration of the same themes. Foucault's belief in the outside suffered a major change after the first two texts, which were responsible for the recasting of his project, were published. He discovered that the madmen, so as it was reason, was the product of power and not an innocent formulation of scientists. *Madness and Civilization* demonstrates not only that reason is conceivable through the exclusion of the madman and, hence, is power, but that the madman, the outside of reason, its alternative, as it were, is plunged in the same matrix of power's production. This problem was later formulated into what he called the productivity of power (it does not negates an identity or a subject but is, albeit contradictorily, complicit in its emergence since it makes of it an object of knowledge). As Perbalt suggests, this impasse led Foucault into an interest in literature (Perbalt, 2000).

The literary came to represent the possibility of the outside, as Blanchot had taught him, although Foucault never made public any major text on the question of literature and its relation to the "outside". This interest made possible, in some of his interviews and essays, the formulation that the resources of language are the ones that allowed a difference from a definitive self, since they are infinite.

Foucault changed his mind late in his career in a decisive and definitive way. He ceased believing that there was an actual outside to the formulations of discourse and power, be it language in its infinite determination or madness in its most determinate marginality. In other words, the solution sought by Foucault was found in the permanent understanding of what thinking had been made to be, the analysis of the foundations of such an entity, and, finally, abandoning, by the activity of thought, what thought had been made to be. Whether or not Foucault's *History of Sexuality*, including the fourth unpublished volume, was able to accomplish such a task within the philosophical tradition of the West, is a question better resolved by access to Deleuze's work.

The concepts of folding, the inside of the outside, harmony, and minorization definitively bring, in Deleuze's work, Foucault's concern to a firm ground. Foucault, according to Perbalt, turned to practices that, through operations in the self, were to constitute a difference from thought to itself (Perbalt, 2000). It is possible to draw at least two lessons from Foucault's relation to the outside and his concern with thinking as they pertain to relations of the self. First, the knowledge and the analytical mechanisms that allow the understanding of the rules of formation of the universal (that is the main lesson of *The Order of Things*). Second, an ethos through which thought bypasses the finality of the institution of truth, the law and the subject (that is the lesson of the many interviews and short pieces on power during the 1980's).

These are important developments for the discussion at hand since it is the moment in which the subject, which was initially produced by rules of formation, is decisively linked to knowledge, while knowledge is linked to the production of an object from which a subject emerges. This is why Foucault's conceptualization of power has been branded as productive rather than repressive. It is a problematization of the limits presented by the motivation of an object of knowledge conducive to the formation of a subject bearing those same limits. Thinking is to problematize its own contemporaneity by asking of itself a comprehension of its own possibility as thought, of its own emergence as limits. This process was succinctly put in the following terms by Deleuze: "thought thinks its own history (the past) but in order to free itself from what it thinks (the present) and be able to think otherwise" (Deleuze, 1986).

Deleuze was well aware of the difficulties that Foucault endured as he worked to outline what it meant for him to think. Deleuze, however, clarifies and, in a sense, completes Foucault's concern by making us aware that there is no true outside, but a relation to an inside, and a process of subjectivation that constitutes the act of thinking. In other words, if there is an outside, it is an outside within, which in no way supersedes language but can only reorient its institutional underpinnings. With Deleuze's work, it is possible to further specify this process commenced by Foucault and give it something similar to a model. To the extent in which this formulation makes use of a paradoxical and contradictory organization of language (i.e. within/without, stammer, etc.), it is much closer to a heterotopic logic than it is to the self-consistency of the modern subject.

Deleuze's work, during his collaboration with Guattari, is a confrontation with psychoanalysis and its metaphysics. Both *Anti-Oedipus: Capitalism and Schizophrenia* and *A Thousand Plateaus* are engagements of this kind. Deleuze and Guattari's point of entry was the function of the signifier and the presence of Oedipus as givens of Freudian psychoanalysis. Lacan worked to fashion a return to Freud that deeply altered the conception of the Freudian discovery. This return is conditioned, however, even if "structured like a language" at its end, by castration, lack, the signifier and Oedipus. It turns out that psychoanalysis "discovers" the law as the ultimate condition of human experience (in the form of the signifier), the oedipalization of the unconscious (by the triangulation of desire with the triad mother, father, me), and the presence of the signifier (as what is impossible to symbolize and alibi of the real). Thus, psychoanalysis ends up participating in the articulation of an order regulated by Oedipus, the signifier, and the law. The way out of this problem is to maintain the linguistic nature of the unconscious while bringing into it the socialization of the signifier and the real beyond the limits of Oedipus and the law as Lacan conceived them. The task now is to aggressively move through Lacan's conception of linguistics, by way of Deleuze, to chart the emergence of the heterotopic without losing the pivots of the process that Foucault called "to think" (i.e. power, knowledge, and problematizations).

Oedipus is a limit that operates as the closure of the unconscious, in the form of the signifier and the real, in whose name the law of the father and the repression of desire are articulated. To say that desire is repressed in Lacanian psychoanalysis is to say that it is bound in by the closure of the unconscious and the referent of the real. It is thus the subject, as subject, which completes the closure of the unconscious represented by the signifier. That is why the subject of the unconscious is a subject of lack since it cannot have itself, as it were, as signifier nor its others as signifiers in the real. To that extent, since the subject does not nor can have himself as social production, it is that castration operates. The subject is thus constituted as an incomplete presence, castrated, and divided by what it cannot have.

In Deleuze, the positing of the unconscious is not a way to say that the subject is finally complete and a full presence. Instead, it is to operationalize a condition in which the subject becomes a process that compromises the real since he is able, albeit paradoxically, to produce him or herself. The real lack the signifier, and the law of the father are transformed in Deleuze as he forged an alternative conceptualization of language through which it would be possible to think the nature of the unconscious. This proposition emerges as the alternative image of thought since, to the extent in which thought is related to the subject and, hence, to the positing of the unconscious, it de-transcendentalizes language. Its limits are duly overcome by subjecting them to an "outside" of language, a thought process that, as it were, returns the subject to language, but in a paradoxical manner whose nature is only this process of becoming. What is possible to gain in terms of thought is a process with no referential relation to the real or the signifier, but that exploits the institutional grounding of both in the paradoxical matrix that the subject is now. Thus, my contention that there is in Deleuze an alternative image of thought and that such an image is heterotopic.

Deleuze operationalized these possibilities in conceiving language as paradox, multiplicity and with relation to an "extra-linguistic" dimension, a sphere that is readily foreclosed by Lacan's metaphysical understanding of the signifier. There is, I must clarify, no contradiction between what I have discussed earlier about Foucault and my use of Deleuze's conception of process. Deleuze's use of the outside of language, even when it seems to invoke an absolute, ends up referring back into language as an immanent theory of process. Deleuze had no specific treatment or a philosophy of language per se. Lecercle (2002) has, however, been able to piece together the many moments in which Deleuze expressed himself on this question. His relation to language was entirely paradoxical: it strived for it's overcoming in a beyond itself (into silence and other media) but is fully dependent on it. This relation, rather than leaving language as it is or merely identifying an exterior to it, makes language "stammer" or redistributes it from within.

To say that there is in Deleuze a redistribution is to say that there is a reconceptualization of the subject of language since neither of the two –language nor the subject– can be thought apart from each other. The key difference between the two is Deleuze's conceptualization of language as an assemblage of forces rather than as a limitation of the signifier in the signified (even after Lacan's reworking of this relation). Since Deleuze moves beyond the limits imposed by the subject of the unconscious, as theorized by Lacan, he is able to achieve the othering of language. In other words, he was able to conceive the subject of the unconscious as a process in which desire, the subject, and thought are processes themselves. This is the point in which Deleuze and Foucault's intersection is made more evident.

The idea, even if there is an aspiration to overcome language, is to transform it to make it other, to make us "think otherwise". It is to create a language within language whose paradoxical character (inside and outside of language and, thus, of the subject) comprises the figure of all three. Rather than a reference to an absolute outside, this is an immanent relation that realizes itself in the surface of language. This beyond is an aspiration to reach the limits of an institution. It is an aspiration to the limits of language, a task, a motivation within it that makes it tremble beyond its limits but into itself (this is no other than an expression of the inside/outside, which is normally associated with Deleuze's philosophy).

If there is anything meaningful in the texture of heterotopia as it is presented here, it is the role, function, and effects of significance. Perhaps, the best way to describe the functioning of heterotopia and its significance is by describing its effects. If the heterotopic begins, as it were, with language, but makes it stammer, it is because heterotopia redistributes the order of language and presents itself as a collection of fragments whose frame can only be gathered because it functions, because it can be grasped in its operations. If *Las Meninas* was for the West the inauguration of the era of representation as a one to one correspondence of subject and object (even in the experience of looking at the piece), heterotopia is the moment in which the looking subject loses himself in the play of fragments. Such a losing can only be understood as a series of effects because heterotopia does not offer a new sense of self, but rather an invitation to becoming rather than being. That is, in fact, a rendition of the process that in Foucault is called "to think", even when he accompanied thought with practices of the self. In the last part of his career, Foucault worked what has come to be known as his work on ethics or the practices that the subject must undertake to make him or herself part of an ethical reflection (Bernauer, 1988).

Conclusion

The Latin American postmodernism debate remains blind to the mechanisms of its production and it considerably augments (as it is possible that the debate is merely the reproduction of the terms that have produced it in the first place) the possibility that we are merely discussing the latest fabrication of late capitalism. Then, the hope for a transformation of the core-periphery dyad is utterly misplaced within the terms of the Latin American postmodern debate as it currently stands. The steps that I have taken here, on the one hand, point to the foundations of the subject to reframe the debate and, on the other, bring forth a discussion on the nature of thinking. There is no sense in discussing the nature of the subject without fully undertaking the infrastructure that allows it's functioning. Otherwise, political practice is entirely condemned to repeat the terms that motivate it in the first place. Therefore, there is no sense in positing a hybrid and expect a transformation of the terms in the core-periphery that animates the postmodernism and the postcolonial debates in Latin America.

The same is true with regards to the different cultural logics that are being identified as pertaining to postmodernism. If I question the subject of modernity, it is not because I think that there is nothing to be gained in rethinking the subject. It is to that possibility that the debate must point, but only after the thought and the political practice can become responsible for such institutional underpinnings. Needless to say, there is the need to clarify the key concepts of the debate so that sense could be made and direction can be established within it.

To attain a post-occidental place, it will be necessary to chart a different ethics of the subject, one that would place agency beyond the articulation of a truth, even that of the hybrid subject. It is to the concept of discontinuity that we must turn, if the Latin American postmodern epistemological tear will make any sense at all. How can we discuss an epistemological tear if the institutions we are debating remain the central tenant and end of the debate? It is to discontinue the core-periphery dyad and its eurocentric arm, colonialism all together, for which criticism, pedagogy and cultural production must be rethought. This would be no other than the unveiling of discourse at the cost of the subject. My intention in opening this possibility, as stated before, is not to squander or eliminate the subject, but to rethink its formulation as a positive instance.

I am afraid that the hybrid subject is still part of the modern epistemic configuration. Then, my desire is for us to find an alternative to the modern formulation of the subject and to do so with regards to the institutional infrastructure that empowers it. It is only then that we could more assuredly hope for a transformation of the core-periphery dyad and for the manufacturing of a resistance that could be measured against the rule of the present. It goes without saying that the hybrid subject, its borderline character, cannot and will not suffice against the opposition that empire calls today for. It is to found these ethics in the onset of the 21ˢᵗ century that we must move on to. At the very beginning of such a reflection we must question what is to think, when we are able to wager the institutional character of the subject and the ideologies that produce it. The hybrid is but one of the problems and is very far from the solutions that thinking and political practice must ask for itself. It is to a rethinking of the possibilities of political practice, intellectuals, art, and artists that we most turn after attending the very foundation of the subject. One of the possibilities, after all, would be the apprehension of the postmodern, due to its history, in different terms.

La subversión de la semiótica[10]

Hablar de semiótica es hablar de un desplazamiento epistemológico en el mismo corazón de la ciencia occidental. Si la semiótica es parte esencial de este proceso, es porque su surgimiento cuestiona los preceptos básicos que, por un lado, han hecho posible la ciencia y, por otro, la filosofía. En la medida en que las categorías del sujeto y el objeto de conocimiento han dejado de ser trascendentales, la semiótica resulta en una crisis que, a la misma vez, repiensa los límites de la ciencia y la filosofía. Es precisamente en este punto, el punto en que el pensamiento desplaza el lugar de los fundamentos de la ciencia y la filosofía, en que se inserta y es desde allí que se puede entender la subversión de la semiótica. Es desde allí, de igual forma, que se puede entender su valor como método y como ciencia.

La filosofía ha sido una forma de proveer justificaciones para la ciencia y la verdad porque articula un lenguaje primario (la filosofía) que puede dar fe de uno secundario (la ciencia). Es la condición actual de ese lenguaje –el que puede dar razón objetiva de otro lenguaje– que hace a la ciencia occidental estar contemporáneamente en crisis.

Si la filosofía hasta ahora había sido una demostración de los fundamentos en los que se puede producir conocimiento, la semiótica toma esos fundamentos como el principio de su análisis. De esta manera, es posible decir que la filosofía, con la irrupción de la semiótica, es el análisis de los mecanismos que hacen posible la representación entendida como el significado. La ciencia o, por así decirlo, la investigación semiológica, no es distinta a una intervención formal en el estudio del significado que se produce como parte de la inclusión de esos fundamentos. La semiótica no estudia la verdad de un objeto, sino su formación, su motivación como parte de la matriz que produce el

---

[10] Una versión previa de este ensayo fue publicada en la revista *Cruce Digital* el 19 de noviembre de 2012.

significado y la verdad. De esta manera, el interés de la semiótica está en los mecanismos que hacen posible la verdad y la representación, en vez de en la inauguración de una nueva verdad.

Si la filosofía occidental ha sido una manera, en la forma de un sujeto transcendental, de proveer una base para la verdad, en la semiótica lo que tenemos es que el sujeto de conocimiento deja de ser trascendental, al tiempo que se manifiesta un cambio en el objeto que se conoce. Por eso es que la semiótica se nutre de un contexto interdisciplinario en los que se teoriza el sujeto y el objeto del conocimiento como parte del lenguaje. ¿Pero qué implicaciones pueden ser sustraídas de esta condición del conocimiento occidental?

Inicialmente, lo que ocurre, como he dicho, es que el surgimiento de la semiótica compromete a ambas, a la ciencia y a la filosofía, porque comienza con los límites que se imponían como finalidades entre las dos. Por eso es que sostengo que hablar de semiótica es hablar de filosofía y de un desplazamiento epistemológico en el corazón de la ciencia occidental. La semiótica hace parte de su análisis los límites que antes eran transcendentales y extralingüísticos. En otras palabras, el objeto de la semiótica habita el lenguaje y es parte del funcionamiento de este, incluso son parte de este los fundamentos de la lingüística.

El sujeto de la semiótica surge al unísono de su objeto, y es de la misma naturaleza. Es en ese espacio en que se adentra en un lenguaje sin garantías, que no sean las del lenguaje mismo, que se encuentra lo propiamente semiótico. Así, la subversión de la semiótica radica entonces en el desplazamiento de los fundamentos de la ciencia y la filosofía, fundamentos que presuponían garantías exteriores al lenguaje. Específicamente, la ciencia y la filosofía pierden con la semiótica la garantía extralingüística, pero la obtienen dentro del lenguaje. Si se habla de un desplazamiento epistemológico es porque la naturaleza de la justificación de lo que podemos considerar conocimiento es ahora un lugar en el lenguaje y nada más.

Puesto de otra manera, la semiótica agranda y expande los parámetros de la autorreflexión a la que estaba sujeta la ciencia y la filosofía modernas. Su autorreflexión incluye el propio surgimiento de su objeto en vez de ser su nombramiento. En cuanto al sujeto de la ciencia, esta plantea que surge al unísono de sus prácticas, por lo que se dice que las intervenciones semióticas son intervenciones conscientes en la producción del significado. Ahora bien, es necesario aclarar que el modelo que surge como el modelo propiamente semiótico es parte de este proceso de autorreflexión. Por eso es que la semiótica, en cierto sentido, como sostiene Julia Kristeva en *Semiotics: A Critical Science and/or a Critique of Science*, es un círculo, pero un círculo que permanece abierto a su final. Su cuerpo, es decir, está disponible como una teoría sujeta a la crítica y a la producción semiológica, en vez de a garantías fuera del lenguaje, como lo fue la filosofía moderna.

De otra parte, Roland Barthes (1964) propone que la semiótica es el estudio de los mecanismos que hacen posible al significado, es decir, entre otros, el significante. Estos dos términos (significante/significado) no pueden tomarse de manera dicotómica como lo ha propuesto el estructuralismo de Saussure. El análisis semiótico invierte la proposición estructuralista (la dicotomía del significado y el significante) y demuestra cada término inclusivamente necesario en el acto de significar.

Como apunta Mowitt (1992), el desarrollo del journal francés *Tel Quel* y la lingüística de Saussure comprenden los orígenes modernos de la semiótica. En *Tel Quel*, sugiere Mowitt, se trató de hacer un análisis científico de la categoría literaria mediante el análisis de la ideología. Es decir, se analizó la literatura identificando su procedencia ideológica, a la vez que se pensaba que la práctica analítica que así la estudiaba estaba fuera de las operaciones de la ideología. ¿Qué es la ciencia sino un análisis que propende a la exclusión de toda ideología e, incluso, de toda determinación social al momento de postular su propia identidad y sujeto? En la lingüística tenemos el mismo tipo de esfuerzo y de problema. Por ello es que la semiótica puede llamarse ciencia, aunque no de la misma manera en que nos hemos acostumbrado a hacerlo con la ciencia moderna. Su demostración formal está sujeta a la verificación de sus planteamientos teóricos (en vez de a la demostración extralingüística de la filosofía). Por ello es que la semiótica es el estudio de cuatro ámbitos del lenguaje que la sitúan dentro de los procesos de significación.

Entonces, lo propiamente semiótico es el estudio del significado que yacía como una proposición metafísica en la ciencia occidental. Si la lingüística, a la que la semiótica le debe tanto, es el estudio de las reglas que hacen funcionar al lenguaje, la semiótica comienza con esas reglas como el ámbito de su descubrimiento y proposición analítica. Y lo hace de manera tal que, las categorías que eran fundacionales a la ciencia y la filosofía, ahora existen como efectos del lenguaje. Es en proponer ese desplazamiento, el que va de lo extralingüístico al lenguaje, que la semiótica altera la producción epistemológica de Occidente.

Una de las principales, sino la principal, contribución de Roland Barthes (1964) es el especificar estos cuatro ámbitos de un sistema de significación. Son estos: lenguaje-habla, significante-significado, sintagma-sistema y denotación-connotación. Estos cuatro ámbitos que propone Barthes como los que comienzan el estudio semiológico son una manera de crear un orden formal desde adentro de los procesos de significación que estudia.

El primer polo, el del habla y el lenguaje, está llamado a demostrar la operación de un cierto tipo de uso que se hace de los sistemas de significación. Por su parte, la distinción que existe entre el significante y el significado es la distinción que, de manera abstracta, ilustra la existencia del signo en sí. El significado es una representación mental de una cosa, mientras que el significante es un mediador material de la representación mental que de la cosa se hace. El sintagma y el sistema son maneras distintas de clasificación que existen en el lenguaje. Finalmente, la denotación y la connotación son el último mecanismo de formalización del análisis semiótico. La denotación es un primer sistema que es una mera extensión de un segundo sistema (la connotación) que es más extensivo que el primero. El sistema connotativo está constituido por un sistema significante que comprende significantes y significados. La ideología es la forma de los significados, mientras que la retórica es la forma de los significantes. En ese sentido, el sistema de denotación es el plano de contenido (el significado) del segundo (de la connotación).

La formalización que mediante estos cuatro ámbitos propone la semiótica se hace desde adentro de los sistemas que estudia de manera tal, como he dicho, que su objeto es análogo a su funcionamiento como ciencia. Sujeto y objeto nacen al unísono de la intervención analítica que es la semiótica, en vez de ser parte de un ámbito fuera del lenguaje. Como he planteado, las objeciones a esta proposición no cuentan con las garantías del ámbito extralingüístico de la ciencia y la filosofía tradicional, sino de la producción teórica que produce a la semiótica.

Si fuese a especificar un nivel semiótico, tendría que decir que está constituido por los mecanismos, en gran medida metafísicos, que hacen posible la representación y la verdad. Estos mecanismos, si comienzan con la especificación metafísica de la lingüística, entonces la semiótica los reconocería, pero dentro del lenguaje como tal. Se procede semióticamente, mediante la erosión de la distancia que la modernidad postuló como necesaria para la práctica de la ciencia. Así, la semiótica observa y es testigo del surgimiento del analista como productor en el seno de la ciencia occidental.

Si la ciencia occidental procedía de manera objetiva y la separación de su sujeto y objeto de conocimiento, la semiótica presenta la posibilidad de intervenciones conscientes en el funcionamiento de un sistema de significación. Si la semiótica presenta esta alternativa, es porque su propio cuerpo es evidencia de la producción semiológica, una actividad que revierte, además, la propia función de la filosofía. Esta ha dejado de ser la identificación de límites para ser parte de una demostración formal de esos límites que antes únicamente establecía la filosofía. Por eso, la semiótica es todavía ciencia y filosofía, aunque no bajo los términos tradicionales. Es decir, es ciencia en la medida en que analiza un sistema de significación a través de su verificabilidad como teoría, mientras que es filosofía en la medida en que cuestiona los límites que se establecían tradicionalmente para la ciencia.

El surgimiento de la semiótica contempla un desplazamiento epistemológico de los límites de la ciencia occidental en la medida en que estos son invadidos por garantías únicamente lingüísticas. Esto quiere decir que la semiótica subvierte la ciencia pues el objeto y el sujeto dejan de ser trascendentales gracias a una demostración formal que, a su vez, se ofrece como una teoría que la propia investigación semiológica debe discutir como lenguaje. La semiótica, entonces, es parte de la crisis de las metanarrativas del conocimiento occidental en la medida en que participa de una crítica a los metalenguajes de la ciencia y la filosofía. Es así un desplazamiento epistemológico desde dentro de la ciencia y la filosofía porque toma el descubrimiento de la ciencia como el punto de partida de un objeto que no es el de la ciencia ni está justificado por la filosofía. Es un objeto que se puede especificar dentro del lenguaje como parte de una teoría que la razón crítica puede verificar teóricamente en vez de fundamentarse fuera del lenguaje, como tradicionalmente ha sido en la ciencia occidental.

Democracia, desarrollo, justicia y descolonización[11]

Si escribiera dentro de la izquierda, si lo hiciera desde la derecha o desde el centro, la verdad es que hoy día es necesario, no solo por asuntos de la vigencia de estos términos, sino por la persistencia de la necesidad de la crítica, proveer al pensamiento un nuevo marco de referencia. Luego de comparar, breve, pero coherentemente, los sistemas políticos modernos (y, así, entender la procedencia del totalitarismo, el esencialismo, el universalismo y la naturalización), el pensamiento crítico le deberá a la justicia y a la ética lo que el moderno le debió, en el siglo pasado, a la revolución. Para que la ética y la justicia iluminen la democracia, el desarrollo y la descolonización, es necesario replantearnos sus expectativas temporales y su finalidad. Un marco de referencia distinto al moderno introducirá una diferencia para que el propio *ethos*, es decir, el carácter y la personalidad de la modernidad, sea un antídoto a la clausura que es parte de la nomenclatura moderna que es hoy costumbre, finalidad y derrotero del pensamiento y la acción política.

Las instituciones tradicionales del pensamiento crítico han entrado en un profundo proceso de descrédito. Aunque no son tan recientes, existen razones para pensar, de igual manera, que las aspiraciones de la derecha son tan desatinadas como lo han sido las de la izquierda. Es por eso que internacionalmente se ha cuestionado la institución del pensamiento, y se ha pasado, de una forma mucho más intensa que en otras ocasiones, a revisar las agendas del pensamiento crítico.

Foucault, Derrida, Kristeva, Barthes y Lacan son algunas de las voces que han cuestionado la universalidad del sujeto, pieza clave al articular lo que fue pensamiento y acción durante el siglo pasado. El mayor de los gestos de estos pensadores es el cuestionamiento de la

---

[11] Una versión previa de este ensayo fue publicada en la revista *Cruce Digital* el 15 de octubre de 2012.

inclinación del pensamiento moderno, tanto el de la izquierda como el de la derecha, para iluminar límites y establecerlos como el fin de la experiencia. Claro está, porque no somos estrictamente estructuralistas, la alternativa no es proclamar lo ilimitado como alternativa. Lo que está disponible, hoy día, es la utilización del límite como una posibilidad, en vez de como el fin del pensamiento y la acción. En resumidas cuentas, el posestructuralismo en la obra de Foucault replantea el propio *ethos* de la modernidad. En los ensayos del final de su carrera, Foucault (1978; 1990) repensó la idea del límite como el comienzo, en vez del final, del pensamiento y la acción. Por eso, desde su obra se puede decir que pensar es la acción de actuar los límites, en vez de la identificación positiva de éstos.

Lo que explica esta posibilidad es que los límites que la modernidad encontraba como fin se han convertido, con la categoría analítica del discurso, en el horizonte analítico del quehacer de la modernidad. Por eso, lo que está en juego con las investigaciones del posestructuralismo es la propia fibra de la modernidad o, como he querido decir, el propio marco de referencia del pensamiento crítico.

Una de las aportaciones indirectas del posestructuralismo hace posible entender el totalitarismo, la naturalización, el universalismo y el esencialismo como inclinaciones del pensamiento moderno de izquierda, pero también de derecha. Si esto es cierto, el replanteamiento de Foucault (1978; 1990), unido a una comprensión de la temporalidad de la ética, presenta una alternativa al referente de clausura que es tradición en el pensamiento crítico. Después de todo, la revolución no fue otra cosa que la clausura de la historia bajo la subjetividad del proletariado o cualquier otro sujeto que se entendiese como portador de la agencialidad para lograr precisamente ese cierre de la historia.

Lo que eran crasas diferencias entre el comunismo, el liberalismo y el fascismo, durante la Segunda Guerra Mundial y la Guerra Fría, es hoy una gran posibilidad. Es la posibilidad de entender estos sistemas dentro de las mismas bases filosóficas y reglas de pensamiento/acción, que les condujeron, igualmente, por los ámbitos de la universalidad, la exclusión y el totalitarismo. Los tres sistemas operan mediante la habilitación de un sujeto que, al reconocerse en el límite como su experiencia de sí, se proclama como el fin de toda experiencia. Esta condición es cierta para los sistemas que son producto de la modernidad, en vez de ser característica de algunos de ellos. La posibilidad de comparar los sistemas políticos modernos, es decir, el poder verlos en un mismo horizonte analítico, es producto de la comprensión de la subjetividad que se desprende del discurso.

Aunque se sirve de esta breve comparación, el pensamiento contemporáneo no ha fraguado una alternativa en lo que a los sistemas políticos se refiere. Después de todo, el propio liberalismo se encuentra en una profunda crisis económica y los preceptos de su lado democrático no están carentes de defectos. Es más, dentro de la democracia actual existen concepciones que propenden a los mismos excesos de la modernidad (es decir, totalitarismo, esencialismo, universalismo y naturalización). Son esos excesos los que tenemos que identificar en Puerto Rico para adelantar las agendas del pensamiento y la acción que son tradición en la Isla, y que no están, de ninguna manera, exentas de los límites de la modernidad.

Lejos de ser un nuevo sistema político, la justicia es una forma de ser, que, por un lado, es absorbida por la comunidad que la vive y, por otro, está siempre por venir. La ética no tiene otro marco de referencia que no sea una responsabilidad para con el otro, si es que así fuera, con quien se gesta una comunidad, una comunidad que, en mi forma de ver las cosas, es distinta a la que se vivió con el comunismo, el fascismo y, ciertamente, se vive con el liberalismo.

La ética es el instrumento de la justicia, y la justicia, la finalidad de la ética. Entre las dos se gesta el marco referencial del pensamiento crítico, y lo hace de una forma distinta a lo que es tradición en la modernidad. La diferencia de la que hablo es una que hace del pensamiento y la acción un cuestionamiento de límites que desplaza el presente y lo abre al acecho del futuro. Si este es el caso, el marco referencial del pensamiento crítico tiene todo que ver con la apertura, en vez de con la clausura, como fue tradición en la modernidad. Esa apertura que se palpa en el trabajo de Foucault (1978; 1990) recibe una complicación temporal en el trabajo de Derrida (2006).

En su comprensión actual, la temporalidad de la ética está cimentada en la proyección del futuro como la llegada de un estado ideal. Claro que, aunque complicada con lo que puede ser la moralización del futuro y de una pobre distinción entre ética y moral, esta temporalidad tiene efectos nocivos en el presente. Lo ordena de forma tal que ese futuro que proyecta sea lo único posible. Para ello requiere que el presente se ordene, igualmente, de una forma unívoca y totalizante. En un sentido, el problema que plantea la temporalidad de la ética abre una reflexión sobre la memoria (la invocación del pasado como parte del presente) y sobre la problematización de la historia. Sin embargo, sostengamos el ángulo que invita Derrida (2006) con la idea del desplazamiento del presente (en su nomenclatura filosófica se habla del concepto de lo venidero, en inglés, *futurality*) para que entendamos la relación que tiene este concepto con el *ethos* esbozado por Foucault y el marco de referencia del pensamiento y la acción que propongo.

Para empezar, el concepto de lo venidero que se esboza en el trabajo de Derrida (2006) plantea una ruptura del presente consigo mismo que, entre otras cosas, abre el futuro como una posibilidad. Recordemos que la proyección del futuro desde el presente lo que hace es cerrar a ambos entre los límites que fijan el presente. Abrir el presente, porque se comprenden los límites que lo crean como eso, como una creación en vez de una esencia, lo que hace es hacer el futuro posible desde un presente que está abierto (está *out of joint*, desplazado o desvinculado de sí mismo).

Los principios temporales que se establecen en el trabajo de Derrida presentan una serie de retos para Puerto Rico a la hora de plantearse, precisamente, los otros elementos que presento como el marco de referencia del pensamiento y la acción. En primera instancia, lo que está en juego, como he dicho, es la apertura del presente, en vez de su clausura en el totalitarismo, el universalismo, el esencialismo y la naturalización de la modernidad. Es a ese orden referencial al que en Puerto Rico debemos vincular los conceptos de democracia, justicia, desarrollo y descolonización.

Entre el asunto de la descolonización y la ética existe actualmente una gran distancia. Igualmente, existe una brecha enorme entre la idea de la democracia, el amor, el posdesarrollo y las agendas intelectuales del país. En salvar estas distancias es que se gesta una parte importante de la agenda del pensamiento puertorriqueño en el siglo XXI.

Tanto el desarrollo, la democracia, la justicia y la descolonización deben desvincularse de los intentos de definir el futuro de Puerto Rico de antemano. El riesgo es que ese futuro se traduzca en un presente totalizado o que nunca llegue (porque el presente lo hace imposible como alternativa). Sin embargo, el marco de referencia que propongo no está exento de discutir estos principios dentro de la apertura que indica esta nueva expectativa. Uno de los principales ángulos que se hacen posible, desde esta óptica, es desvincular las instituciones que imponen un presente como una finalidad. El objetivo, si se quiere, es que tanto la democracia, el desarrollo, la justicia y la descolonización puedan estar sujetas a la reinterpretación para que su futuro sea factible y lejano a la totalización. Desde esta óptica, la de la apertura del presente, el pensamiento y la acción, podemos retomar las discusiones tradicionales del país.

Cabe preguntarse si debemos seguir ofreciendo derechos al individuo o si hay nociones colectivas que merecen ese reconocimiento. Debemos, de igual forma, responder al contexto multicultural que la emigración ha creado en Puerto Rico y darle cabida a la diáspora puertorriqueña en nuestros arreglos constitucionales. Es decir, que, aunque el asunto de la democracia es medular para con la descolonización, existen condiciones hoy día que hacen que la constitución del país esté lista para una revisión profunda, más allá del reordenamiento del poder colonial que es hoy necesario.

No hay duda de que las estadísticas del país ponen de manifiesto un deterioro de la calidad y de las condiciones de vida. Desde el punto de vista de la cultura, sin embargo, la paz y la "desalienación" de las relaciones, lo que hablan es de replantearnos la propia idea del amor. Y el amor no solo con respecto al sentimiento, sino como ese vínculo que nos une o nos separa, pero que, definitivamente, gobierna bajo la clausura las relaciones que constituyen nuestro volumen social.

El desarrollo, por su parte, pudiera estar sujeto a lo que es el posdesarrollo. Lejos de ser un espacio nuevo que deja atrás el desarrollo, es un proceso mediante el cual podríamos revisar la autoridad de Occidente y de los Estados Unidos para repensar nuestra economía. En fin, el proceso de reconstrucción económica que pide el país debe empezar por un cuestionamiento de la autoridad económica de Occidente para darle al pensamiento criterios y libertades que no ha tenido hasta el momento.

En definitiva, la posibilidad de abrir el pensamiento y la acción para que sea un antídoto a la clausura representa la posibilidad de iluminar las discusiones tradicionales del país fuera de los excesos de la modernidad. Vaya, pues, a la ética y a la justicia el más amplio juego de la libertad como un esfuerzo para replantear los vínculos y posibilidades del desarrollo, la descolonización y la democracia, para aspirar a un futuro siempre por venir como parte de una patria-diáspora a principios del siglo XXI, un futuro que abra el presente, aunque sea en contra de su propia regla. Esa es la posibilidad última de la comparación de los sistemas políticos contemporáneos y del nuevo marco de referencia que merece el pensamiento crítico si, en sí mismo, va a responder a las coordenadas de la ética, la democracia, la justicia, el desarrollo y la descolonización.

The Aesthetic in the Postmodern and Global Age: Agency, Play, Signifier

The globalizing impetus of a contemporary postmodern culture shapes itself by way of the nuclear formula of commodity/meaning/totality and has coordinates in the West that aspire to circulate as a one world culture. Such a culture must be used as the north bearing point for the project of the politicization of the aesthetic, a project centered in the agency of the signifier as an instance of *play*, as theorized by Derrida once the concept of structure is thought of in language (Derrida, 1979).

Postmodernism is a moment in history in which the coordinates of culture have been so affected by mechanical reproduction that it is no longer possible to distinguish an outside from which to conduct criticism. It is, conversely, a moment in which language can be separated from the underpinnings that make it possible from a place "within" language itself. It is to that difficult inside to which I want to turn as part of the process of the politicization of the aesthetic within postmodernism.

If the West and the international order of things, as we know them (the nation states, the institutions that, rounded by sovereignty, make up the international world), constitute the symbolic, we will politicize it as meaning, commodity, and totality (instances that make the West possible as a culture, as a form of communication) by recourse to a "within" language. This process is part of the charting of the relations there are between semiotics and aesthetics.

Although that is mostly what goes on below, the relations between the aesthetic and the semiotic are interrupted by the concept of productivity. Being an instance of play, the concept of productivity separates the idea of reproduction from that of production. Thus, here the politicization of the aesthetic proceeds by way of a paradigm of production rather than one of the copy or the reproduction.

Postmodernism and the Aesthetic

The aesthetic, according to Terry Eagleton (1991), is a discourse that contemplates the relationship between reason and sense perception. As such, the aesthetic is a realm that concerns itself with perception and sensation in contrast to the more rarefied domain of conceptual thought. This does not mean that the aesthetic, both as an expression of experience and as a dimension of thought, has not been subjected to history and concepts. It does mean that the aesthetic records, as part of its very motivation, the distinction there existed between the body and reason in contemporary theory. Then, subjecting the aesthetic to history is to bring to it Benjamin's insights on the aura of the work of art.

In Benjamin's essay *The Work of Art in the Age of Mechanical Reproduction*, a change in human perception, a change in the aesthetic, is duly plotted. His work needs to be situated, albeit obliquely, in the overall development of the Frankfurt School and European fascism. For the Frankfurt theorists, critique and the aesthetic have been subsumed by capitalism since reason itself became dominated by technique. In both, the *Dialectics of Enlightenment* and *Negative Dialectics*, Horkheimer and Adorno conceived the ways in which the Enlightenment could either digress or turn backwards its promise of linear and unilateral progress. It is precisely culture, as it relates to the aesthetic, which emerges as Benjamin's preoccupation in the essay of reference.

Mechanical reproduction of the work of art, Benjamin teaches, represents something new to the possibility of replicas and copy. The technique of reproduction detaches the reproduced object from the domain of tradition, eliminates its authenticity, and affects the authority of the object. These historical circumstances affect the organization of human sense perception and the kind of culture that critical reason will be related to in the project of the politicization of the aesthetic.

The destruction of the aura, Benjamin continues, is the mark of a perception whose sense of the universal equality of things has increased to such a degree that it extracts from art its status as a unique object. Art, suggests Benjamin, reacted to this universal equality of things with the doctrine of *l'art pour l'art*, giving rise to a negative theology in the form of "pure" art that not only devised no social function to art, but also any categorizing by the subject matter. The work of art reproduced becomes the work of art designed for reproducibility. When the criterion of authenticity ceases to be applicable to artistic production, suggests Benjamin, the total function of art is reversed. Instead of being based on ritual, it begins to be based on politics. What is entailed in the changes plotted by Benjamin is a production and work of art that records the function of reproducibility instead of the uniqueness of the aura.

To put it in a word, Benjamin was thus concerned with the social nature of a lost origin (the aura and uniqueness) and the relations that are instituted after such a loss. Of course, many things have happened since Benjamin thought of the loss of the aura and the transformation of the aesthetic. My contention is that the concept of postmodernism provides a further way to contextualize changes in the aesthetic that, even if quite different than Benjamin's, provides a clear point of entry into the project of the politicization of the aesthetic.

The concept of postmodernism is not just an academic one since it has attracted public from artistic movements as it has attracted public interest through its capacity to speak to some of the cultural changes of the contemporary world. To this day, there is no consensus with regards to what postmodernism is, although there are various ways to talk about it. Fredric Jameson, for example, considers postmodernism as a third great stage of capitalism (Jameson, 1992). Jean Francois Lyotard has talked about an analytics and a condition of the production of knowledge in advanced societies (Lyotard, 1979). Mike Featherstone (2007) suggests that the prefix post indicates what comes after, a break or a rupture with the modern, which is defined in counter distinction to the modern (a perceived abandonment, a break with or a shift away from the definitive features of the modern, with a strong emphasis on a relational move away).

As an all-encompassing term that speaks of a cultural phenomenon (rendered as such, by concepts like aesthetics of garbage, the hybrid, the carnival or chaos) and as an analytics that entails great skepticism with the *grand recits* of modernity, postmodernism speaks of a rather different cultural terrain. It also speaks of an emergence into metaphysics, if you will, that concerns the apprehension of the foundations, in this case, of the aesthetic. When I invoke the figure of the signifier, and I do so echoing the criticism of metanarratives, first, I speak of a thought process that refers to language and only to it. In other words, the signifier does not refer to an instance of reality that is independent from language, but it rather speaks of a moment in which the language has found its own mechanisms of intelligibility to be another language.

Barthes, Kristeva, Semiotics, and the Aesthetic

Barthes' work needs to be posited within the experience of European fascism. It also needs to be located within the crisis of the European subject, with vectors in the Algerian war of liberation, the events of May 68, and the widespread emergence of postcolonial societies. His work (as it is with Foucault, Derrida, Gilles Deleuze, and Kristeva, among others) stems from and participates in the problematization of the human subject. Barthes' work certainly participates in that tradition, but his point of entry has been the point in which psychoanalysis, linguistics, and Marxism have found and posit a split and dispersed subject instead of an universal one.

Obviously, the difference one can find in Barthes' work keeps a relation with metaphysics and the unified and universal subject. Such a relation exists at the point in which the institution of language has been made deeply problematic. Barthes, in fact, has gone as far as to suggest that knowledge (i.e. language) has been "contaminated" by the jolts of fashion. His work, if it can be situated in the events of May 68, the Algerian war of liberation, and fascism, inhabits what has been called the linguistic turn in contemporary philosophy and theory. Foucault was less concerned with an object than he was with the treatment of that object, a process one must say is beyond the very self-reflective possibility of the sciences. In a similar fashion, Barthes, the semiotician, is less concerned with meaning, as he is with its production.

The *Empire of Signs*, instead of being the empirical description of an empire whose mode of domination are signs (after all, this is one of the face value conclusions one can arrive just by reading the title of the book), it is the deliberate formation of a system, whose nature takes place within a revolution in the property of symbolic systems that explore the limits of language (i.e. the symbolic). Paradoxical is one of the adjectives that one can ascribe to the *Empire of Signs*. Barthes could have merely imagined a fictive nation and given it an invented name by treating it as a novelistic object. He, instead, though in no way claiming to represent reality itself, isolates somewhere in the world a certain number of features to deliberately form a system (this is the system that he calls Japan).

The marriage of signifier and agency in the title are meant to convey what should no longer ought to be a mystery: that the signifier, as it is unveiled in the text, is a form of doing language. This, to the extent in which the text is an analytical practice meant to find that the identity of language is a transformation of language as an object of thought. If we take the formula from which I began – meaning/commodity/totality–, the agency of the signifier is no other than the possibility of apprehending language from a position that it is neither outside nor inside language. It is perfectly ambivalent with regards to the origins of language and culture. Thus, all I am saying is that the project invited by Benjamin has in the signifier a way to institute a difference from the condition of culture we find ourselves. A way to spell the condition of the signifier is through the theorization of play in the work of Derrida.

Derrida (1979) undertakes the task of spelling out the scope and nature of play. To that effect, Derrida suggests that play is the field of infinite substitutions. He suggests this, not merely because language is made of infinite resources, but because in the text it lacks a center and it is governed by the logic of supplementarity. This lack is the lack of the signified, that is to say, of meaning. Play is thus a disruption of presence: the disruption, in other words, of the presence of meaning. If the signifier is only an instance in language, the politicization of the aesthetic must describe the functioning of the signifier as an instance in language. To say the least, the signifier is a field of productivity that is paradoxical and ambivalent since it is in play. In it, the aesthetic is rendered as an instance of productivity, rather than of reproduction meant to be deployed without a site of origin and as a plural philosophical language within the divided nature of language itself. Instead of feverishly trying to regain an autonomy (even that of the signifier), our task is to rethink meaning as an ambivalent and paradoxical instance of productivity. After all, it is the institution of language, as I have said, which comprises the West, and it is the formula commodity/meaning/totality that conforms such an institution.

Economicismo, dimensiones del presente y la crisis actual[12]

Hoy es necesario y urgente preguntarse qué es lo que está pasando en el país para diagnosticar nuestro entorno contemporáneo. Es necesario hacer esas preguntas sobre las instituciones culturales, las educativas y las que tienen que ver con el orden social, moral y ético. Las soluciones que merecemos a principios del siglo XXI y que surgen de ese diagnóstico necesitan, sin embargo, de una formulación distinta a la que hemos utilizado hasta ahora. Es mediante un entendimiento de conceptos históricos, sociales y culturales que podemos atajar la crisis actual de una manera más cabal. Nuestras preguntas, para que ese proceso tenga la posibilidad de iluminar lo que hoy es oscuro, deben organizarse más allá de un mero cómputo matemático o presupuestario.

Sabemos que la economía internacional está en crisis y en franca reestructuración. Este hecho lo explican por lo menos tres factores de índole económico. Sin embargo, es a la historia, a lo social y a la cultura que nos debemos para entender nuestros asuntos hoy.

Además de los datos propiamente económicos y que están directamente relacionados al coloniaje y a la economía internacional, nos afectan lógicas culturales que agravan el contexto contemporáneo. Los conceptos de decadencia, el de las implosiones del desarrollo y el de bancarrota generacional son conceptos de índole histórico, social y cultural que nos llevan a evitar medirlo todo en dólares y centavos. Al proceder mediante conceptos como estos (que cifran su elocuencia en la historia, lo social y lo cultural), posiblemente podríamos obtener soluciones distintas a las que ya conocemos. La lógica de la eficiencia y la matemática es tan social, histórica y cultural, valga decir, como tantas otras ideas. Sin embargo, el enfoque que sugiero es de otra índole.

---

[12] Una versión previa de este ensayo fue publicada en el periódico *Claridad* el 6 de abril de 2010.

No hay duda de que uno de los problemas principales de nuestro entorno contemporáneo está fundamentado desde la economía. Este problema puede resumirse, a grandes rasgos, en cinco áreas. Primero, corrupción en las altas esferas gerenciales de compañías y bancos líderes en la economía internacional. Segundo, desvanecimiento de la burbuja económica que, desde Reagan, transfirió fondos públicos a manos privadas. Tercero, un contexto económico internacional en donde las economías de Taiwán, Singapur y Hong Kong, así como las de México, China, Brasil e India, ocupan posiciones de liderato económico que socavan las de los Estados Unidos y Europa. Cuarto, con el fin de la Guerra Fría y el surgimiento de la sociedad posindustrial, existen muchas fuentes de mano de obra accesible al capitalismo internacional y muchos más lugares para producir. Quinto, las economías desarrolladas sufren la reestructuración de las etapas tardías del capitalismo y su posindustrialismo (una reestructuración que al menos trastoca la balanza económica de estos países y desestabiliza su horizonte económico).

Puerto Rico no está exento de los vaivenes de la economía internacional. Mucho menos, de cambios que modificaron el modelo económico que se practicó bajo el ELA, sobre todo en un país que no tiene los instrumentos para insertarse en la economía internacional. Si a esta dimensión económica le añadimos asuntos de índole histórica, cultural y social, la naturaleza de la crisis actual se complica y el origen del problema es diferente al que pudiéramos pensar mediante el uso de los números y las finanzas.

La radio, la televisión, la prensa, la música y, generalmente, la cultura, viven la condición descrita por el concepto de la decadencia. La violencia actual propende a debilidades que le son propias a la idea de la decadencia.[13] La decadencia, como concepto estético, ha sido utilizada en diferentes formas. Lejos de rendir críticas peyorativas de una cultura, tiene todo que ver con un momento en el que se reproduce la debilidad como característica de una cultura. Pero, ¿por qué hablar de la debilidad para analizar la cultura? Primero, porque la cultura tiene efectos materiales sobre los cuerpos, y la materialidad del cuerpo tiene mucho que ver con las proclividades e inclinaciones de lo cultural. Es más, la cultura reviste,

---

[13] A la decadencia podemos considerla, como sostiene Matei Calinescu (1987), como una de las proposiciones históricas de la modernidad. Es, por así decirlo, una nomenclatura estética, moral y sicológica que instituye una debilidad dentro de las tendencias que la modernidad permite.

articula y modula los cuerpos de forma tal que es a través del cuerpo que esta se actúa. Segundo, porque si esa modulación cultural del cuerpo propende a la derrota de un cuerpo sobre otro, lo que impera es la debilidad de esa violencia, de esa derrota. En la medida en que la cultura reproduce la debilidad, en la medida en que los aparatos culturales propenden a la violencia, en esa misma medida debemos hablar de la decadencia cultural, así como la violencia expresa esa condición.

No hay que ir muy lejos para documentar los diferentes tipos de violencia que caracterizan el Puerto Rico actual. Lo que sí cabe señalar, porque es uno de los importes del concepto de la decadencia, es que la violencia no existe por concepto de un exceso de fuerza, aunque se exprese de esa manera. Es, por el contrario, por la debilidad y la alienación reproducida por los aparatos culturales que se imponen como ley y costumbre.

Si bien es cierto que el modelo industrial con el que el estado colonial promovió la economía durante el siglo pasado ha entrado en una profunda crisis, también es cierto que las instituciones de las que se sirvió también lo han hecho. Por eso es propio decir que, además de la extinción del modelo económico del ELA y su economía dependiente, vivimos las implosiones del desarrollo.

El desarrollo en Puerto Rico se fraguó con relación a la economía metropolitana de los Estados Unidos. Esa dimensión cuasi internacional tuvo su dimensión nacional en lo que, por ejemplo, fue el crecimiento del gobierno como máximo empleador, proveedor de servicios sociales y médicos, y como monopolio de la violencia. Hoy día, esas áreas, sin excepción, han entrado en crisis. Estas instituciones han implosionado porque las condiciones que le vieron nacer ya no existen y porque las premisas que las justificaban ya no son ciertas. Eso, en gran medida, explica nuestras nefastas estadísticas. Los ejemplos de la familia, la función de un padre o una madre, y la propia Constitución de Puerto Rico son reveladores.

En Puerto Rico se escuchan, en muchas ocasiones, diagnósticos más o menos razonables de qué es lo que está pasando. Sin embargo, seguimos proponiendo las mismas soluciones con el fin de obtener resultados distintos. Además, no hemos internalizado lo suficiente el costo del fin de la Guerra Fría, la crisis de las izquierdas y el colapso del estado benefactor.

Entonces, lo que pretendo plantear va mucho más allá de decir que el capitalismo de mercado y la democracia liberal son las únicas alternativas para la conducción de la vida social de un país. Más bien, pretendo argumentar que los recursos del pensamiento, la acción política y gubernamental de entonces han fracasado como ideas, como principios organizacionales del pensamiento puertorriqueño. Por eso, es propio hablar de la extinción de las ideas de una generación o invocar una bancarrota intelectual.

Los problemas de hoy tienden a existir bajo la presencia fehaciente de soluciones de antaño con los matices exponenciales del presente. Por ejemplo, la deserción escolar pide soluciones de una naturaleza distinta a las de la militarización o mayores presupuestos. El problema de la droga invita a revisar los modelos de prohibición y a entenderse con el problema de la adicción. En fin, el estado como fundamento de todo ha dejado de tener vigencia, incluso, en el caso extremo de una revolución. Claro, y ello es parte de la esterilidad del debate neoliberal actual, el asunto no está en privilegiar lo privado ante la crisis de legitimización de lo público. Está, sin embargo, en reconsiderar la propia naturaleza de la propiedad pública y privada, así como la función y naturaleza del contrato social. En fin, está en salir de la prisión de las ideas del pasado para ver el presente en sus nuevas dimensiones, unas dimensiones que nos llevan por los linderos de la historia, la cultura y el entendimiento de lo social.

El asunto no deja de ser, entonces, que mi diagnóstico no se haya dicho ya de una forma u otra. El asunto es que los problemas contemporáneos de Puerto Rico no tienen entrada fácil en la computadora ni en un presupuesto. Son, como he sugerido, inmedibles por razón de su propia forma social, histórica y cultural de ser. Por eso, incluso en la dispersión que supone una diáspora, esos problemas a principios del siglo XXI no tienen precio, números ni ideas fáciles. Es que entender lo que nos pasa en una dimensión más amplia es parte del problema y, quizás, de la solución.

Hacia un "giro discursivo"[14]

Apoyado en el concepto del "giro lingüístico", sostiene Carlos Pabón (2005) que el referente de la Historia, así como el de la disciplina que la estudia, está bajo revisión. Si en el siglo XIX y el XX este era un referente objetivo y positivista, en el presente siglo es literario y postmoderno. En ese cambio es que radica la incertidumbre de nuestros tiempos. Es decir, según Pabón (2005), las certezas de los siglos XIX y XX se han transpuesto en un artificio con garantías y fundamentos inciertos.

Desde la interrogación de la que Pabón parte, es necesario, sin embargo, hacer una serie de preguntas para especificar lo que está en juego en el giro lingüístico. Es más, es necesario definir un *giro discursivo* que claramente establezca los parámetros políticos del encuentro con el lenguaje de la disciplina de la Historia. Después de todo, el artificio puede seguir siendo estudiado como una verdad, puede considerarse verdadero y, finalmente, sigue siendo conocimiento de un objeto. El asunto, claro está, no es disputar la veracidad del artificio frente al ente positivo que ha sido la Historia. Más allá de eso, se persigue preguntarnos cuál es el uso y el efecto de mantener nuestra mirada en el pasado. Todo ello, para sugerir un cambio en el tipo de pregunta que le hacemos a la Historia, como fenómeno, y al giro lingüístico, como posibilidad.

¿Es de incertidumbre de lo que se trata o se trata del "descubrimiento" de una dimensión que yace como un inconsciente positivo en la modernidad, como sugirió Foucault? ¿Dónde quedan los ángulos que especifican el funcionamiento del lenguaje? ¿Cómo podemos detallar lo que hasta ahora es un reconocimiento del lenguaje y la naturaleza de lo social/histórico? ¿Cómo podemos dar razón del poder dentro del giro lingüístico? Sin lugar a dudas, llegar hasta el lenguaje, por así decirlo,

---

[14] Una versión previa de este ensayo fue publicada en la revista *Cruce Digital* el 11 de marzo de 2013.

comprende un reconocimiento importante y transformador. La disciplina de la Historia, para dar cabida a lo esencial del giro lingüístico, necesita cambiar la naturaleza del objeto que estudia, incluso, cuando se estudia a sí misma como disciplina. De otra forma, todas las expectativas que se ciernen bajo el giro lingüístico no dejan de ser sospechosas, política y conceptualmente.

¿Cuál es el importe del postmodernismo si solo va a esconder bajo el manto de lo literario el objeto que sirve de fundamento al proyecto moderno del que ansía un distanciamiento? Es el discurso lo que ancla al giro lingüístico en la "realidad" del lenguaje, en su uso, en su inflexión y en su imbricación con el deseo y el poder. Es, además, el que guarda la posibilidad de la crítica, incluso, en tiempos de incertidumbre.

No reconocer la realidad del discurso es darle al lenguaje características conceptuales que, por sí mismo, no está preparado para asumir. No reconocer la relación entre el discurso y el poder es privar al giro lingüístico de todas las dimensiones de la política, previo al o ante la presencia del reconocimiento de que la realidad está en el lenguaje. ¿O es que el lenguaje elimina toda consideración política y que el giro lingüístico está exento de ese cuestionamiento? El reconocimiento de un sujeto de la enunciación, y de la enunciación de la Historia, nos permite entender la voluntad de poder que esta es, incluso, la que nombra al pasado como un artificio. Es decir, reconocer el lenguaje sin reconocer el poder como parte de esa transacción teórica es sugerir algo así como que el artificio es incierto, pero que ha dejado de ser políticamente problemático. ¿A eso es que se reduce el giro lingüístico?

La aspiración de un giro discursivo es precisamente alterar la relación de un objeto y un sujeto de conocimiento, ya sea en el orden disciplinario de las cosas o como una comprensión de su contraparte histórica (es decir, como un conjunto cultural y social que comprende la Historia como fenómeno). Su uso radica en entender que la producción de conocimiento está vinculada a un sujeto, al tiempo que motiva a un objeto, y que, en la medida en que no se modifiquen ambos, sujeto y objeto, este reconocimiento podría no ser otra cosa que una maniobra idealista, limitada y cuestionable, una maniobra que va de la objetividad de los siglos XIX y XX a la llamada incertidumbre del lenguaje del siglo XXI. ¿Quién y a cuenta de qué se establece esa diferencia y por concepto de qué garantías?

Si no fuéramos a aceptar como buenos los términos de la discusión que propone Pabón (2005), debíamos decir, entonces, que el asunto de nuestros tiempos no es la incertidumbre epistemológica o la precariedad de la representación. Es, fuera de toda duda, la transformación de las categorías fundacionales de la modernidad, entre las que está su afán histórico.

En Jameson (1990) existe, por lo menos, un desmejoramiento de los efectos causales de la Historia como fenómeno. Si ese es el caso, la historia ha dejado de existir como un vínculo directo con el presente. Es, por esa misma razón, que le debemos atención al presente en vez de seguir insistiendo en el pasado, aunque sea en la forma de un artificio. Después de todo, la posición de enunciación del historiador, incluso desde la incertidumbre, es el presente, y no el pasado. ¿O es que vamos a ser apólogos del presente, de la postmodernidad, en aras de un contacto inespecífico con el lenguaje?

En última instancia, de lo que podemos hablar es del poder, del sujeto y el objeto de conocimiento y de las categorías espacio-temporales que han salido al crisol crítico con el giro del siglo XXI. En específico, de lo que hablo es del entendimiento, de la comprensión y de los compromisos de la historicidad: una dimensión que expande el fenómeno histórico para incluirle los elementos fundacionales que la han hecho posible hasta ahora, pero que, por razones epistémicas, esta no podía reconocer. Es el discurso, como concepto y como compromiso, el que esclarece los contenidos de la historicidad y los fundamentos del lenguaje.

La historicidad, en Foucault y Nietzsche, según el Foucault de *Nietzsche, Genealogy & History* (1980), hace histórica la propia motivación del sujeto y el objeto de conocimiento que, entre otras cosas, han hecho posible la Historia como fenómeno. Mi argumento no va en contra de que la historia exista ni que esté cifrada en una relación con la ficción o la literatura más ampliamente. Es, en cambio, que, incluso la historia como ficción, presenta unos fundamentos que son históricos en sí mismos y que requieren la atención de la crítica. Una vez atendidos, no seremos únicamente herederos de la incertidumbre, sino, también, de la historicidad; es decir, la comprensión del desdoblamiento de la Historia para consigo misma. Mi énfasis es, pues, en las reglas de formación de la Historia como disciplina de estudio y como fenómeno socio-cultural.

En esa genealogía caben el Descubrimiento de América, el surgimiento de Occidente y el nacimiento de las Ciencias Humanas.

Cuando hablamos, por ejemplo, de literatura, para especificar la Historia como fenómeno y como el producto de su estudio, estamos, al igual que los positivistas, nombrando un objeto a través de las proposiciones de un sujeto (el historiador, en este caso). Es decir, pese a que la naturaleza del objeto no es la misma (ha cambiado de objetivo a lingüístico), lo que hacemos con el lenguaje o mediante este, es definir un objeto, aunque pretendamos que sea de otra manera. El lenguaje por sí mismo no es razón para la incertidumbre de toda garantía. Para ello, es necesario invocar el discurso y el texto, dos conceptos que, aunque no enteramente ajenos a un giro lingüístico, están sospechosamente ausentes de los planteamientos de Pabón.

El giro lingüístico permanece a ciegas del entorno que lo motiva en la medida en que este no entre a esta consideración del funcionamiento del lenguaje y sus fundamentos. Es en ese preciso espacio, el que motiva al lenguaje como objeto, que es necesario implementar un giro discursivo que especifique esa naturaleza del lenguaje o, mejor aún, la naturaleza histórica de sus fundamentos.

La alternativa al objeto, incluso en la ficción, es la naturaleza textual, en vez de meramente lingüística, de la Historia. Es por eso que he hablado de historicidad, aunque lo hago enteramente consciente de que hablamos de tipos de ficción: una que aparenta no tener conciencia de sí misma como ficción, y otra que se presenta como ficción, se responsabiliza de sus fundamentos y estaría disponible como teoría para ser discutida.

Según Pabón (2005) y Chartier (2009), la Historia como disciplina no tiene otro destino que no sea el de revertir directamente a la ficción. La invocación de la ficción, sin embargo, no es suficiente para dirimir la disputa con el positivismo y sus llamadas certidumbres. El lenguaje, en sí mismo, tampoco es necesariamente el detalle último de la batalla con los fundamentos de los siglos XIX y XX. El asunto, para ser más específico, es el cambio en el objeto, el sujeto y la distancia entre los dos. Por eso he dicho que, si el giro lingüístico no trastoca ese orden, no es suficiente para repensar la Historia como fenómeno, como disciplina de estudios, ni al historiador como instrumento de ambos. La literatura, por diferente que sea a las certezas del positivismo, sigue siendo conocimiento y tiene efectos que constituyen la realidad de la que participamos. Recordemos que, según Benedict Anderson (1991), fue la circulación del lenguaje impreso lo que hizo posible la imaginación e implementación de la nación.

El discurso articula las reglas de uso de un lenguaje que se mide a través de sus exclusiones internas y externas. Ante una serie de reglas distintas, el lenguaje se comportaría de forma distinta, lo mismo que los personajes que lo usan y son usados por este. Por eso es que es necesario y sospechoso el giro lingüístico sin un componente discursivo: no solamente estamos siendo conceptualmente parcos al invocar únicamente el vocabulario del lenguaje, sino que se están invocando categorías como si pudieran carecer de materialidad o estuvieran exentas de poder.

Entregarle la historia a la historicidad (esa etapa que entiende los fundamentos de la Historia como fenómeno y como objeto de estudio) no es borrar la historia bajo el manto de la deconstrucción o del análisis semiótico. Es, por el contrario, entender que siempre, desde la propia separación de la poesía del discurso histórico en la antigua Grecia, ha existido un nivel que, hasta su descubrimiento en Nietzsche y Foucault, se presupone como infraestructura de la Historia como tal. Eso fue lo que la hizo moderna, en un momento, la diferencia entre medieval y antigua.

Ciertamente, el asunto del discurso, del texto y del lenguaje no es un mero asunto semántico. Es uno, como he sugerido, de carácter ontoepistemológico. Es un asunto que relaciona la materialidad del lenguaje con el poder, con el deseo, con los fundamentos que hoy hacen posible que le busquemos nombre a la realidad, ya sea este proceso uno ficticio, en vez de uno objetivo.

De otra parte, hablar de materialidad, poder, lenguaje y deseo tampoco debe entenderse como un asunto semántico. Debe entenderse, en cambio, como un asunto crítico, político y ético pues, dentro de toda esta discusión, lo que está en juego es la crítica, no solo de las disciplinas, sino de los fenómenos históricos y sociales. ¿Cómo podemos ejercer la crítica ante la disolución final de la verdad, la historia y, posiblemente, del lenguaje?

La respuesta a la incertidumbre que ciertamente se vive no debe ser la histeria ni la neurosis, pero tampoco el mero delirio cuando se habla dentro del lenguaje teórico. La materialidad del giro discursivo es el lenguaje, pero, además, las instituciones que implementan, sostienen y facultan esos sistemas de diferencias y similitudes. A esas autoridades postmodernas, incluso a las modernas que configuran esos presentes, es a lo que se debe el giro discursivo. Esta operación en el lenguaje intenta especificar un uso y un ámbito institucional, a la vez que ofrece una apertura para la crítica del presente.

El nacimiento del ser humano[15]

Contrario a lo que las Humanidades tradicionales plantean, el nacimiento del ser humano no comienza con el australopitecos ni mucho menos con el *homo erectus* (ni en la Periferia ni en Occidente), ni tan siquiera pertenece a la lógica de Charles Darwin y la Teoría de la Evolución. Su surgimiento es, en cambio, tan reciente como los procesos que coinciden con el nacimiento de Occidente (el acontecimiento debe localizarse entre los siglos XIV al XV), el nacimiento de las ciencias en el siglo XIX y, más tarde, en el siglo XX, con el discurso del desarrollo, en vez de los 2.5 millones de años que las Humanidades otorgan al primer descendiente humano. De esta manera, el ser humano es mucho más y mucho menos que una descendencia biológica; es, más bien, un objeto de conocimiento cuyo surgimiento es mucho más reciente y distinto a lo que tradicionalmente pensamos. Si este es el caso, podemos no solo entender al ser humano hoy de forma distinta, sino que, a principios del siglo XXI, podemos, de igual forma, replantearnos qué es nuestra humanidad, su ética, su extensión y sus posibilidades.

Desde las Humanidades y las Ciencias Sociales se ha montado una discursividad que es cónsona con el surgimiento del objeto que estas estudian y que, a su vez, lo es con el nacimiento del ser humano tal y como lo conocemos hoy. El nacimiento del ser humano es algo distinto a un desarrollo lineal desde la Prehistoria hasta el presente, con antecedentes en el australopitecos y en el *homo erectus*. Ha sido, en vez, una forma de "antropologizar" la experiencia, un proceso que es mucho más reciente que los orígenes tradicionales del ser humano que plantean las Humanidades y su cuerpo teórico. Tradicionalmente, las Humanidades plantean que existe una etapa formativa, la Prehistoria y la Historia.

---

[15] Una versión previa de este ensayo fue publicada en la revista *Cruce Digital* el 15 de abril de 2013.

A su vez, que el período histórico está comprendido por la Antigüedad, la Edad Media, la Modernidad y la Postmodernidad.

Uno de los mayores recursos que tiene el pensamiento crítico contemporáneo para establecer la relación de las ciencias con su objeto de estudio es *Madness and Civilization* (Foucault, 1988), un texto que, si bien no habla del nacimiento del ser humano, habla de las relaciones que existen entre la ciencia y el objeto que estudian. *Madness and Civilization* fue la forma que encontró Foucault (1988) para buscar en la locura un objeto independiente de las ciencias que la estudiaban (en este caso, la psiquiatría). La conclusión, que no es distinta a la historia de las Ciencias Humanas, es que el objeto de las ciencias es parte esencial del surgimiento de una ciencia. Es decir, las ciencias nacen al mismo tiempo en que surge su objeto, aunque el asunto, cabe señalar, es un tanto más complejo que uno de coincidencia histórica. El asunto es que las ciencias son cómplices de la aparición del fenómeno que estudian, por lo que es necesario decir que el objeto de las ciencias es creación de estas, así como estas son creación de su objeto. Mowitt (1992), por su parte, ha llamado a los objetos de la ciencia una "ficción regulativa" que tiene efectos reales, pero que no deja de ser parte esencial del surgimiento histórico de las ciencias como tal. Si fuéramos a entender este proceso, el del nacimiento de las ciencias con relación al ser humano, tendríamos que decir que su nacimiento está muchísimo más cerca del de las ciencias humanas en los siglos XVIII y XIX que con el australopitecos o el *homo erectus* hace 2.5 millones de años.

Es desde el siglo XVIII que se establece todo un andamiaje discursivo sobre el ser humano. El asunto no es solo la conciencia del ser humano, que estaba ausente en el australopitecos y el *homo erectus*, sino que el andamiaje discursivo se centra en una positividad que tiene el privilegio de establecer relaciones con el pasado, el presente y el futuro. Ese proceso se instaura y se crea con el nacimiento de Occidente entre los siglos XIV y XV, el nacimiento de las ciencias en el siglo XIX y, más tarde, en el siglo XX, con el discurso del desarrollo. Lo que se llevó a la palestra pública, a las cartas de derecho y a las constituciones de la Revolución Francesa y, en algún sentido, a la de los Estados Unidos, es un objeto que viene tomando forma discursiva en las ciencias y en la interacción europea con el resto del mundo desde el Descubrimiento de América. Es desde ese momento histórico que se sitúa en la historia al ser humano y que se vincula con un pasado y con un futuro. Por eso es que las Humanidades cuentan esa historia como la cuentan. No es por otra razón que la que provee la posibilidad de contar al ser humano como actor de una historia que, evidentemente, se puede estudiar como científica.

El punto, claro está, no es que no hubiera previo interés con el ser humano ni con su historia. Es que antes no había un objeto "empírico" que gobernara sobre el reino de la historia como lo hubo después del siglo XVIII, un proceso, como he dicho, que encuentra terreno fértil entre los sucesos históricos de los siglos XIV y XV. Entonces, el ser humano sí es una invención europea, una invención que se hizo a expensas de otras formas y maneras de ocupar la tierra. Esa exclusión no solo yace en el seno de la ciencia y de su modernidad, sino que es parte esencial de los humanismos del Renacimiento europeo, cuando no de los derechos, los haberes y las posibilidades de la Revolución Francesa y la de los Estados Unidos. Claro que el linaje genealógico del ser humano occidental hay que situarlo en el siglo XIV aunque su "origen" es de recursos más antiguos.

Para Greenblat (1992), Dussell (1995) y Todorov (1999), la propia subjetividad europea se gestó con el Descubrimiento de América. Es más, el Descubrimiento de América fue parte esencial en la articulación de la modernidad europea, aunque esta necesitó algunos siglos para solventarse. En términos epistémicos, el Descubrimiento tuvo el efecto, finalmente, de hacer posible una diferenciación entre una identidad europea y una no europea. Esa diferenciación se formalizó con las ciencias humanas y las ciencias sociales unos siglos más tarde.

Como sostiene Deleuze (1988), Foucault convirtió la fenomenología en epistemología y así da con el origen de las ciencias humanas. Excavar el origen de las ciencias humanas es entender la formación de los mecanismos que hicieron inteligibles (entendibles, pensables, teorizables) a las ciencias humanas en tanto que ciencias. Es decir, es excavar la figura del hombre al aislar un ser que trabajaba, vivía y hablaba. Dentro de esa triada es que se encuentran las verdades de las ciencias humanas con todas las dificultades epistémicas de las que sufren en contraste a las ciencias naturales. Es desde el siglo XIV y XV, con el Descubrimiento, que se comienza el proceso, a nivel de la historia de Occidente, que fragua la positividad que las ciencias humanas estudiarán. Por lo tanto, el hombre, como figura filosófica, debe situarse en este momento y no en ninguno anterior. Si bien es cierto que el triunfo final de esa figura (el hombre) se logró con la Revolución Francesa y la de los Estados Unidos, entre los siglos XVII y XVIII, este proceso, en lo que es hoy la periferia de Occidente, se afianzó durante el siglo XX con el discurso del desarrollo.

El discurso del desarrollo, sostiene Arturo Escobar (2011), nace en las postrimerías de la Segunda Guerra mundial y existe como una forma de crear y gobernar al Tercer Mundo. Históricamente han existido otras formas de nombrar, según sostiene Escobar, otras partes del mundo, y así sostenerlas bajo regímenes de producción de conocimiento. El orientalismo, como ha dispuesto Edward Said (2007), es una forma de nombrar y actuar el Oriente, así como ha demostrado Mudimbe (1988) al asegurar que África es una invención del mismo tipo.

El discurso del desarrollo ha sido una forma de crear y dirigir al Tercer Mundo, de mantenerlo dentro de una normativa occidental y "occidentalizante". Si para Juan Jinés de Sepúlveda (2008) y Bartolomé de las Casas (1994), en el siglo XV, los nativos de las Américas estaban faltos de humanidad, durante el siglo XX, esa falta se midió con respecto al desarrollo. La posibilidad de esa ecuación, sin embargo, surge por la normativa en que se convirtió, desde sus inicios, la humanidad europea entre los siglos XIV y XV. Es desde ese mismo momento que yace como el monumento de las divisiones normativas que imperan en gran parte del mundo contemporáneo.

El humanismo y la modernidad han aspirado a mucho más que eso. Desde la óptica del nacimiento del ser humano y de sus proclividades discursivas, es necesario decir que, lejos de ser totalmente inclusiva, la modernidad de esa institución ha resultado en todo lo contrario. De ella emanan las exclusiones y disyunciones más fervientes de la historia de la modernidad. Fijémonos, pues, en las diferencias entre metrópolis y periferia, en las distinciones entre el oriente y el occidente, en el uso y desuso de África, en el fascismo europeo, en el coloniaje. Es cierto que cada uno de estos fenómenos tiene su historia. Sin embargo, cada uno de ellos refiere a ese ámbito epistémico, al episteme moderno, para ser más precisos, del que habló Foucault (1994).

Leer el nacimiento del ser humano en contra de la corriente, en contra de las disposiciones de las Humanidades, puede probar ser controversial. Sin embargo, debemos detenernos a considerar la posibilidad, no solo del análisis que sugiero, sino de sus implicaciones. ¿Estaremos, así, preparados para un nuevo humanismo? ¿Será que el planteamiento multicultural nos lleve exitosamente a través de este proceso? ¿En qué medida se podrá articular una ética a la luz de las experiencias de la humanidad a partir del Descubrimiento de América, el nacimiento del ser humano y el de la subjetividad europea y de su historia? ¿De qué forma las distinciones de la modernidad se quedan sin solución ante los discursos y la naturaleza de la postmodernidad? Este es el tipo de preguntas que debe imperar ante el hecho del nacimiento del ser humano durante los siglos que van desde el XIV al XIX, y que en el XX se unen al discurso del desarrollo.

Proceder como sugiero no es solo una manera de replantear el humanismo, sino replantear el origen y naturaleza de las ciencias, del poder y de las disciplinas. Es una forma de, más allá de eso, entender las relaciones que existen entre la producción del conocimiento y el poder, el ser humano y sus otros, en tiempos en que la modernidad misma está en crisis. Esta es una agenda de cambios y de planteamientos que nos llevan a reconsiderar la ciencia y sus funciones, que nos lleva a repensar, incluso, su naturaleza como objeto y como sujeto.

Mi sugerencia, de ninguna forma, es que abandonemos la producción de conocimiento. Mi invitación es a la reflexión sobre nuestra humanidad y sus parámetros dentro del conocimiento. En fin, una reflexión sobre los propósitos, las maneras y las formas del pensamiento crítico dentro de las Humanidades contemporáneas. Estudiar al ser humano, debe quedar claro, no es un ejercicio fraguado en la entera inocencia. Por el contrario, es un ejercicio que ha motivado un tipo de mundo, unas realidades y unas verdades que hoy, ante la posibilidad de replantearnos lo que es el pensamiento crítico, podemos abandonar o dejar sin efecto. La historia del coloniaje, el racismo, el imperialismo, la del desarrollo y la del humanismo, hacen de esta búsqueda una imperativa para el siglo XXI. A la luz de los cuestionamientos que aquí planteo, debemos buscar una forma de la ética y de la humanidad que no propenda a la dominación que es parte del andamiaje moderno desde donde emanan las Humanidades contemporáneas.

La universidad contemporánea y los Estudios Culturales[16]

Mucho hay que decir de la condición de la universidad de hoy, de su relación con los medios, las culturas publicitarias y la moda, de su pérdida de distancia para con la sociedad de la que es parte y de su relación con el mercado y las lógicas del capitalismo tardío. Históricamente, la universidad formó ciudadanos y proveyó mano de obra y personal para el estado y la economía. Igualmente, fue el vínculo con el pensamiento crítico y la cultura. Hoy día, esa función está oscurecida por la profunda crisis del modelo económico desarrollista, el del estado benefactor, y la irrupción de la moda y la publicidad dentro del conocimiento y la cultura. Sin embargo, como apuntó Derrida (2002), es dentro de las Humanidades que ese espacio puede ser reconceptualizado porque es, por ejemplo, dentro de una versión de los Estudios Culturales que puede comenzarse un proceso de autorreflexión para darle a la universidad esa renovada dirección.

Aunque es imposible detallar aquí todo el andamiaje de la transformación que se plantea bajo los Estudios Culturales y lo que llamaré su "periferalización", sí es necesario decir que estamos ante lo que Barthes (1977b) llamó un "desplazamiento epistemológico" (que potencialmente transforma las concepciones comunes sobre lo que es pensamiento, conocimiento y autorreflexión). Es, al replantearnos el espacio ontoepistemológico en que yace la universidad, que podremos, de igual forma, problematizar su contemporaneidad y su función para repensar su relación con el contexto que la motiva y, así, una vez más, su relación con el pensamiento crítico, la economía y la cultura.

De nada serviría que nos dedicáramos a buscar un nuevo fundamento científico porque se ha perdido la distancia que separaba a un

---

[16] Una versión previa de este ensayo fue publicada en la revista *Cruce Digital* el 10 de septiembre de 2012.

objeto de conocimiento del sujeto que lo conocía. Es más, resulta anacrónico intentar recuperar ese espacio. La oportunidad existe, sin embargo, para replantearse los fundamentos del pensamiento crítico y para crear un vínculo entre la universidad y el contexto que la motiva de forma tal que pueda entenderse con la motivación de su conocimiento, su rol histórico e, incluso, su función social. La idea es que, al así proceder, se haga factible replantearnos esos parámetros.

Ahora bien, antes de delimitar las dimensiones de los Estudios Culturales contemporáneos que urgen ante la situación que esbozo, es necesario profundizar en la naturaleza de esta crisis. Los efectos socializantes de los medios y de otras instituciones presionan indebidamente las agendas universitarias. De esta forma, la universidad compite de forma desigual, a la vez que su función socializante se parece más a los medios con los que compite. Al mismo tiempo, las fuerzas del mercado a la hora de producir conocimiento y de distribuir su aportación, colorean no solo las temáticas, sino la forma del conocimiento. De esta manera, cabe la posibilidad de que las determinaciones metodológicas de la investigación universitaria estén más y más organizadas por las lógicas del mercado que por ninguna otra. Entre ambos factores, se puede decir que, en última instancia, la universidad ha sucumbido a las lógicas del capitalismo tardío porque no entiende el contexto que la motiva ni tiene los recursos para navegar en esos mares. Quizás, no existe prácticamente ninguna diferencia entre la universidad y el contexto socio-económico del que es parte.

Los conceptos de ambivalencia, anticolonaje y antidisciplinariedad pueden, al mismo tiempo, captar el contexto que motiva a la universidad para proveer los mecanismos para un proceso de autorreflexión que reoriente su función histórica. Para lograr esa posibilidad es necesario sumir a los Estudios Culturales en una problematización de su propia identidad; un proceso que promete hacer lo mismo con la universidad, su conocimiento y su posición en un campo de producción óntica.

Es la "periferalización" de los Estudios Culturales y su respuesta anticolonial lo que promete rehacer las agendas ciudadanas, críticas y culturales que son parte de la función histórica de la universidad. En otras palabras, los Estudios Culturales, al hacer patente respuestas que están en búsqueda de su identidad dentro de la erosión de la distancia que la modernidad proveyó para con un objeto y un sujeto de conocimiento, presenta posibilidades que, por la naturaleza de la propia modernidad, no le están permitidas a la universidad. Al así hacerlo, hacen factible retomar la discusión de la universidad en momentos en que es precisamente esa pérdida la que primordialmente la caracteriza.

Lejos de invocar la marginación que el significado usual de la palabra implica, lo periferal y, más aún, la "periferalización", comprende el repensar la posición y el rol de la universidad para que sea capaz de problematizar su contemporaneidad, de forma tal que se entienda con su propia motivación dentro de la cultura. A este ordenamiento se le ha llamado ambivalencia en la teoría contemporánea. Por lo tanto, es de ambivalencia de lo que hablo, pues la posición que esbozo promete un acceso a los límites que hacen posible una identidad, a la vez que empoderan una diferencia.

Entonces, cuando sugiero que los Estudios Culturales han de "periferalizarse", lo que quiero decir, en el caso de Puerto Rico, es que no solo deben asumir la agenda temática del país (el estatus, la nacionalidad, el desarrollo, la economía, la dependencia, etc.), sino que deben clarificar, fuera de toda duda, su propia posición dentro de un campo de conocimiento. Esta clarificación sirve para identificar una posición desde donde vincular la producción del conocimiento con el contexto que lo hace posible. Esta "periferalización" invita y devela un objeto anticolonial porque plantea una disposición a problematizar la identidad de los Estudios Culturales (sin necesariamente perder todo el poder que poseen ante el contexto que los motiva, pero que, a la vez, los circunscribe hasta los límites de su propia identidad). Es por eso que, en la periferia, los Estudios Culturales ofrecen una cara anticolonial en vez de meramente poscolonial. De la misma forma y por las mismas razones, este objeto presenta una cara antidisciplinaria, en vez de meramente disciplinaria.

El objeto anticolonial reconfigura las posibilidades de la verdad, su relación al poder y las coordenadas espacio-temporales que han estado disponibles para articular una identidad. Si para el poscolonialismo el asunto del conocimiento está subrayado por la recuperación de la identidad, desde la óptica del anticolonaje el asunto es entender cómo el poder, incluso en la recuperación del sujeto subalterno, está vinculado a esa producción. Nuevamente, es el concepto de ambivalencia el que clarifica la posición del anticolonaje.

Si se empodera una diferencia desde los límites que motivan una identidad, esa posición los graba ambivalentemente porque ilumina los límites y, a la vez, produce una diferencia sin sucumbir ante los límites con los que comienza. Debemos, de una vez y por todas, cesar en la búsqueda de una diferencia porque el asunto contemporáneo está, al contrario, en descifrar cuáles son los ritos y el funcionamiento del poder que han establecido la posibilidad de la identidad en primer lugar.

De ahí que, lejos de continuar con las coordenadas verdad/poder/identidad, lo que se logra mediante la "periferalización" de los Estudios Culturales es el replantearnos los parámetros históricos que motivaron los tres. Por eso, los retos de los Estudios Culturales en Puerto Rico están matizados por las siguientes preguntas: ¿qué es pensar?, ¿qué es conocimiento? Si la verdad surge como el punto de partida del tipo de análisis que sugiero, es porque este es un tipo de análisis antidisciplinario en la medida en que reorganiza el conocimiento desde la óptica de los límites que la verdad inaugura, pero, por esa misma razón, no puede entender.

Antidisciplinario y anticolonial son los Estudios Culturales periferales y son los principios que guían la reorientación de la universidad que motiva mi reflexión, la cual provee para una inmersión en los procesos que le dan una identidad al conocimiento y al proyecto ciudadano del que la universidad fue parte. De igual forma, son una inmersión en la identidad de la universidad en la medida en que su contexto, en Puerto Rico, está matizado por las disciplinas y el coloniaje. Los Estudios Culturales son antidisciplinarios en la medida en que el proyecto ciudadano, el del pensamiento y el del conocimiento se sirven de una relación distinta con la identidad, la verdad y el poder. En vez de desentenderse de las posibilidades de los tres, la "periferalización" de los Estudios Culturales plantea un entendimiento de la inteligibilidad de la verdad que va más allá de las posibilidades epistemológicas de las disciplinas.

De otra parte, los Estudios Culturales son anticoloniales porque la clarificación de su posición, como he dicho, empodera a una identidad a entender los límites y el contexto que le hacen posible en primer lugar. Entonces, si este es el caso, los Estudios Culturales periferales están muy lejos de meramente reproducir el contexto del que son parte. Son, así, el principio de una relación que entiende los límites que hacen posible el conocimiento y la identidad y, a la vez, cómo se hicieron estos inteligibles en primer lugar.

Ante la "periferalización" de los Estudios Culturales, se vislumbra un objeto y un sujeto de conocimiento distintos al que fuera tradición en la universidad histórica. Claro está, sería una mera reducción pensar que las Humanidades son la única posibilidad de la universidad. Sin embargo, en la medida en que los Estudios Culturales periferales o la agenda que aquí esbozo parten de una comprensión del conocimiento, mucho resta por decir de los arreglos interdisciplinarios de los Estudios Culturales para con otras áreas de conocimiento (como la medicina, la arquitectura, el trabajo social o la ingeniería).

En la medida en que son hijas de la modernidad, las disciplinas, tanto que disciplinas, sin embargo, son herederas de la idea de la verdad y de la realidad, principios cuya crisis se organiza hoy bajo los Estudios Culturales. Con la periferalización de los Estudios Culturales, el énfasis es hacer de ese entendimiento de la verdad y de la realidad una forma de problematizar la contemporaneidad de la universidad, su proyecto y su función. Se trata de una oportunidad que hoy toma un matiz antidisciplinario y anticolonial como parte de un desplazamiento de las reglas de producción del conocimiento dentro de la modernidad. Es a esa posibilidad y en contra de la regla del presente que se debe la universidad al momento que nos planteamos su dirección, desde y para la crítica, porque, tomamos nota, como parte de la autorreflexión que su crisis invita, del contexto que en Puerto Rico la vio nacer.

La "fotografía" del hoy[17]

Aunque parezca un contrasentido, por razón de la tradición fotográfica misma, entenderse con la fotografía hoy requiere entenderse con las formas del presente en vez de con el recuerdo y el archivo del pasado. Esta relación se vive, igualmente, en la recepción de la foto y en la práctica de la fotografía. Sin embargo, aunque estas son similares en la medida en que ambas son prácticas sujetas a una agencialidad, mi interés es separar una de la otra para enfocarme en la creación de la foto, en vez de en su recepción.

Al sugerir la posibilidad de una fotografía del presente, mi interés no es polemizar sobre la temporalidad ni la vocación ontológica de la foto que tan bien ha sido desarrollada por Barthes (1981). Mi interés es, en cambio, modificar el énfasis de la creación fotográfica. Este cambio debe ser uno que va de la captura del pasado que se hace presente, valga la redundancia, en la proximidad del presente, a uno que emane de la captura de un presente (que, obviamente, se hace pasado) e invita a una modificación de ese presente. De esta manera, mi planteamiento, como he dejado entrever, recorre la difícil frontera, difícil más aún con el advenimiento de la semiótica, entre la lectura de la foto, la de la realidad y la de la creación.

Es necesario exponer, si es que le vamos a adjudicar alguna función al arte fotográfico, que este entramado entre la interpretación, la realidad y la creación surge mediante la problematización de la fotografía como institución. La semiótica, la antiestética y el posible trabajo de una posvanguardia hacen necesaria esta problematización. Así, debe ser posible un punto de entrada que se encargue de las formas del presente, de su articulación e, incluso, de la materialidad de la representación, en la medida en que esta se actualiza en la foto como institución. En última

---

[17] Una versión previa de este ensayo fue publicada en la revista *Cruce Digital* el 4 de febrero de 2013.

instancia, está ante nuestra consideración el evento fotográfico como característica principal de la fotografía del presente.

Entonces, en la medida en que, como he planteado, la problematización de la foto tenga como resultado el evento fotográfico, mi preocupación se posicionará lejos de una aspiración autónoma dentro de un campo cultural. Por eso, me valgo de la teorización del texto, de una práctica antiestética y de la apertura de la representación en lo que es la imaginación del signo. Esta es una responsabilidad artística paradojal que conlleva la apertura del símbolo que, en todo caso, hace a la fotografía, como he dicho, un evento, y no meramente una presencia.

El evento no es otra cosa que la imaginación del presente, mucho más allá de la mera copia de este. En ese sentido, la fotografía del presente está llamada a responsabilizarse de las formas del presente. Barthes (1981) posiblemente se refería a ese nivel cuando hablaba de lo neutral y de la subversión de la dimensión paradigmática al elaborar el concepto de lo neutral en una de sus últimas cátedras con ese mismo título. Decir que la fotografía del presente debe asumirse como evento es decir que debe asumirse como una inmersión en los lenguajes que la crean para poner en juego el orden referencial al que pertenece. Esa es la aventura de la fotografía del presente, una vez que entendemos definitivamente que nuestra condición de historia revierte la función del fenómeno histórico y, así, el de la fotografía. Si esta va a tener alguna efectividad, será aliándose o proponiendo una realidad alterna a la que sugiere su propia historia o, incluso, al elevar al nivel de las formas el sentido de la realidad que técnicamente está llamada a capturar.

Para así proceder, es necesario estudiar dos puntos: lo que Barthes llamó el texto (Barthes, 1977b) y lo que Douglas Crimp (Crimp, 1993) llama la actividad fotográfica del postmodernismo. En conjunto, lo que proponemos es una política de la ficción basada en los principios que la semiótica inicialmente esbozó en cuanto a la ciencia occidental, pero que, de todas maneras, informan un entendimiento sobre la realidad y el lenguaje, es decir, sobre la naturaleza del referente y la fotografía en sí.

La fotografía del "presente"

Fotografiar el presente resulta un ejercicio elusivo y particularmente difícil. No solo la naturaleza de la foto es distinta (ha cambiado de instantánea a análoga y, ulteriormente, a digital), sino que la naturaleza del presente, incluso su relación con el pasado, es igualmente compleja. El asunto no es la extinción de lo real, sino la naturaleza del arte en nuestros días. Por un lado, el arte está llamado a problematizar y, por otro, está llamado a problematizarse. Para así proceder, es necesario estudiar lo que Barthes (1977b) llamó texto y Crimp (1993) actividad fotográfica del postmodernismo. Entre ambos presenciamos la construcción de una ficción significativa que aspira a un más allá de su condición como lenguaje, pero que únicamente puede ser eso, lenguaje y significación (en vez de una expresión pura de un referente de la realidad).

Si este es el caso, no tenemos, como he sugerido, fotografía, en el sentido tradicional del término, ni pasado, en su acepción común. Estamos, pues, ante una reconfiguración de ambos que abre las puertas para un proyecto posvanguardista que se dedique a la ampliación de lo posible (en vez de a la búsqueda febril del presente, del pasado y del futuro). En otras palabras, la fotografía del presente no deberá ser otra cosa que una memoria de la actualidad. Describirla como una "contrafotografía" es, quizás, un cliché innecesario. Lo que sí es importante es subrayar la naturaleza paradojal y textual que la ve renacer.

Es posible argumentar, desde el punto de vista de la interpretación, que las fotos son todas ficciones significativas. No estoy diciendo lo contrario. Ahora bien, lo que sí planteo es que, lejos de aspirar a fotografiar el presente como un ente objetivo, a lo que debemos aspirar es a imaginarlo de diferentes maneras, a plantearnos la idea de otros mundos posibles. Esa es, entiendo, la invitación de la semiótica, la antiestética y el postmodernismo. Esa es, en definitiva, la posibilidad última de la fotografía del presente. Si este es el caso, son entonces dos las aportaciones del evento fotográfico: primero, la experimentación con mundos posibles y, segundo, una consciencia de construcción.

La fotografía del presente es así una textura significante que se adentra en el lenguaje a la vez que complementa la relación significante-significado con relaciones paradigmáticas y sintagmáticas con otros signos. Es un objeto que es una inserción en el lenguaje y los elementos que lo hacen significar. Responde, entonces, a lo que Barthes (1983) llamó la imaginación del signo.

La imagen fotográfica, según Barthes en *The Photographic Paradox*, obtiene su identidad en la medida en que articula un mensaje paradójico. Por un lado, carece de código, pero, a la vez, es desbordada por este. En su naturaleza, está lo que él ha llamado los lenguajes de denotación y connotación del mensaje de la fotografía. Aunque para Barthes (1981), la foto está dividida entre dos modalidades del mensaje, es del referente de lo que habla, aunque siempre de forma diferida. Denotan los mensajes que parecen capturar la realidad y connotan los que le añaden significado desde afuera. Para que la fotografía del presente cobre sentido hoy día, debe organizarse dentro del concepto de lo antiestético. Es decir, debe traer a la denotación su carácter cultural que, en el estricto sentido semiótico, está dado por la dimensión de la connotación. Es ante el cuestionamiento antiestético que se comienza el proceso de construcción del evento comunicativo.

La práctica antiestética, de acuerdo a Hal Foster en *The Anti-Aesthetic*, es una práctica para negar el privilegio de lo estético, sin necesariamente negar la estética como experiencia. Foster (1998) es cauteloso al aclarar que esta no es una práctica para negar toda representación. Sugiere que lo antiestético es una forma de entrar a una relación política con la representación. Es, en otras palabras, una forma de entrar a la representación para abrirla. En el caso particular de la foto, abrir la representación es darnos cuenta de que la foto no guarda una relación privilegiada con la realidad, sino que es siempre una comprensión subjetiva de esta. Más aún, desde la foto se puede concluir que la realidad, incluso la fotográfica, es una de carácter intertextual, por lo que su presencia carece de anclajes fuera del lenguaje. Es, de hecho, si le damos valor a los planteamientos de Foster, el anclaje en lo real, lo que está en entredicho con las consideraciones de lo antiestético.

Antes de pasar a considerar el texto y los elementos que en la obra de Barthes constituyen la foto como evento, es necesario revisar el problema de la copia como lo ha teorizado Douglas Crimp en *The Photographic Activity of Postmodernism*. Lo que Crimp trae a nuestra atención es la irremediable pérdida del original en nuestros tiempos. Esto ocurre por concepto de la insalvable distancia que tienen los originales de sus copias y, en consecuencia, de la reproducción mecánica. En otras palabras, el origen de la foto está diferido en la copia. Así, no es a una presencia a la que aspiramos, sino a una ausencia desde el origen, de un originador y de una autenticidad. Un origen diferido y una apertura del referente son proposiciones que pueden expandirse desde la concepción del signo. La expresión más clara que tiene hoy día el signo, la provee el concepto del texto que teorizara Barthes en *From Work to Text*.

El texto es un objeto que se mantiene en el lenguaje y que trasgrede un sinnúmero de libros (en inglés, "works"). En tanto es siempre paradójico, el texto, lejos de cerrar, como lo hace el libro en el significado, difiere el significado infinitamente porque su centro es el del significante (en la forma de un juego). Su lógica es la de la metonimia en el sentido en que opera mediante las asociaciones y el desplazamiento. Por eso, un trabajo recibido en toda su energía simbólica es un texto. La pluralidad de la que Barthes (1977b) habla cuando se refiere al texto no es la pluralidad de los varios significados. El texto presenta un plural irreducible. Es decir, es significación. El texto es práctica, explosión y producción. Barthes propone un objeto que no deja seguro ningún tipo de lenguaje, incluso, los que lo definen como tal. Si quedase alguna duda, el texto es irremediablemente antiestético, pues no solo atraviesa el libro, sino que subvierte la representación contenida en el símbolo.

Si es que le vamos a dar cabida a los principios de lo antiestético, a la actividad fotográfica del postmodernismo y al texto, debemos decir que la fotografía del presente, en tanto que evento, rompe con cualquier horizonte de comunicación y con el deseo de significar. Así, el evento comunicativo, como lenguaje, incluye la capacidad de formarse y de funcionar como una referencia que está vacía de referente (de contexto o de elementos extralingüísticos). El evento, en la medida en que es cierto tipo de objeto en el lenguaje, es finalmente una fisura del orden simbólico, un orden que tenemos razones para pensar que es igual al orden de la foto y cuyas posibilidades están igualmente contenidas en la apertura de la representación.

Si Barthes invita, en *The Empire of Signs*, a una fisura de lo simbólico, es porque, con el texto y la superficie semiológica del texto, propone una apertura. Como parte de ese orden emergente, es el significado el que es denegado por la puesta en juego del significante. Es el signo el que perece mediante el significante que lo sobrelleva. Este es un orden paradójico en la medida en que entra a lo simbólico y lo contiene como parte de sí, sin perder totalmente su identidad como simbólico. Por eso es que he hecho referencia a una responsabilidad paradojal al momento de plantear una idea sobre la fotografía del presente.

Los pivotes del evento comunicativo conllevan, también, un orden paradojal, unos límites estéticos pensados desde su apertura, un texto que replantea la naturaleza del lenguaje y un origen diferido. Entre ellos no es posible ni factible pensar en la representación como la finalidad de la fotografía. El evento comunicativo plantea una nueva relación con el lenguaje, incluso, con el lenguaje referencial de la foto, que invita a una conciencia de construcción, una conciencia, digamos, de la virtualidad. Esa es la invitación y el dilema de la fotografía del presente, una fotografía que debe aspirar a más de sí como lenguaje, pero que no puede sino encontrarse como una práctica textual centrada en esa misma paradoja que la motiva. En otras palabras, el asunto de la fotografía del presente es cómo, sin contar con la historia, puede esta replantear las posibilidades del presente y el ámbito de lo posible. Es a través de ella, pues, que es necesario diferir el referente, aunque parezca un cierto tipo de contrasentido, de acuerdo con la propia historia de la fotografía.

Hacia la paz urbana, el desarme del país y el fin de la prisión[18]

Sin duda, ese asunto llamado criminalidad, que es posible en sociedades en donde se exterioriza el peligro, requiere de una gran pausa, de reflexiones que, al momento, esquivan el estado del pensamiento puertorriqueño contemporáneo. En pocas palabras, el momento llama a trabajar hacia una paz urbana, hacia el desarme del país y el fin de la prisión. Las estadísticas, la desesperanza, las malas inversiones, el sufrimiento de sus víctimas más cercanas, de las de sus segundas manos, de las que solo se nutren de su documentación, son solo algunas de las señales más apremiantes del problema, el de sus observadores o sus víctimas indirectas, en fin, el de los y las que día a día tiñen con su sangre las calles del país y empañan la esperanza porque claman por soluciones que todavía no discutimos.

Si sugiero una paz urbana, el desarme y el fin de la prisión no es porque mis sugerencias estén matizadas por la contradicción. La premisa de mi reflexión, lejos de querer decir que la violencia es una ocurrencia meramente escandalosa, dice que esta es parte crucial de lo que produce nuestra sociedad y, posiblemente, la formulación misma, bajo las condiciones actuales, de la identidad puertorriqueña.

Poner fin a la prisión, a las armas, estén donde estén, y trabajar o educar para la paz no implica, entonces, contradicción alguna. Sí implica poner fin al estado de guerra que vive Puerto Rico, una guerra que, si bien es parte de sectores extra gubernamentales, le pertenece a los gobiernos de turno. Asimismo, implica ponerle fin a las instituciones que contemporáneamente alimentan esta guerra. Muy lejos ha quedado, si algún día lo estuvo, el énfasis ético de la educación y la sana convivencia.

---

[18] Una versión previa de este ensayo fue publicada en el periódico *Claridad* el 9 de abril de 2012.

Ahora bien, sí existe una contradicción en relación con el tipo de sociedad que hemos construido. ¿Cómo vamos a justificar el aumento de armas, prisiones y guerra, si son estos preceptos los que ponen en jaque a la sociedad contemporánea, pero es esa misma sociedad la que las produce? No hay duda de que el propio modelo de ley propende a la violencia, que la sociedad de clases propende a la violencia y que la nación estado está construida sobre la base de la exclusión. De la misma manera, que las libertades contemporáneas se han quedado rezagadas con respecto a cómo y qué podemos saber hoy día.

La prisión no es una instancia extraña ni extrema en Puerto Rico. Es, al contrario, parte esencial, como la violencia, de nuestra sociedad. Entonces, poner fin a la prisión no es solo poner fin al almacenamiento de personas en las cárceles, sino que es darnos cuenta de que, entre el juicio, la culpabilidad y la inocencia, se cifra parte del contexto violento que alimenta el presente.

De otra parte, la paz es ese estado de la convivencia en donde la armonía se nutre de la diferencia, incluso de la inconmensurabilidad, para intensificar la vida en vez de empobrecerla. Las lágrimas vertidas de nuestro país requieren un alto al fuego, un detente que nos permita empezar de nuevo. Trabajar en favor de la paz urbana implica educar para la convivencia, implica regular para la armonía, implica gobernar para la justicia, la democracia y el desarrollo. Desarmar el país implica poner fin a la tenencia de armas, públicas y privadas.

Los modelos criminológicos actuales, utilizados desde el principio del siglo XX, están en crisis. El extremo es la ridiculez o el cinismo de pensar que la violencia requiere de más violencia, que los problemas del presente requieren las mismas soluciones del pasado. No hay que ir a los libros, a los tratados filosóficos ni a los manuales médicos para saber que no podemos esperar resultados diferentes si seguimos haciendo lo mismo de siempre.

La verdad del asunto es que la violencia, como hecho, no como la mercancía comunicativa en que se ha convertido, está fuera de control. El asunto va desde el trato entre los conductores, el de los niños y niñas, el de la mujer, hasta los momentos en donde se pone término a la vida. Valga aclarar, sin embargo, que, debido a que nuestro siglo se inauguró con el desmantelamiento de las utopías, la paz urbana, el desarme del país y el fin de la prisión están lejos de ser una nueva utopía. Ya habrá un momento para entender a cabalidad las crasas violencias de la utopía que, por condición de los factores que la estructuran, siempre es una proyección hacia un futuro que nunca llega.

No podemos, sin embargo, negarle la oportunidad al presente de amistarse con un futuro más amplio de lo que ha hecho posible nuestro pasado. Poco es lo que puedo decir para justificar la necesidad de la conversación más amplia, en Puerto Rico y su diáspora, sobre los asuntos que conciernen a la paz y a la violencia, a la convivencia y a la rearticulación de la idea de la sociedad.

Sin lugar a dudas, la paz urbana, el desarme del país y el fin de la prisión no implican la legalización de todo lo que es ilegal ni, claro, la ilegalización de lo que disgusta al sentido común. Las complicaciones de un Puerto Rico mucho más modernizado, mucho más complejo, suponen un Puerto Rico que requiere soluciones que estén a la altura de esas complejidades. La paz urbana, el desarme del país y el fin de la prisión son una forma de ir a esa verdad, una verdad que tiene que ser modificada como parte de una revisión de los elementos estructurales que hacen de la violencia una ocurrencia normal en Puerto Rico.

¿Cómo es que podemos consumir la violencia, la exclusión, la cárcel y las armas como lo normal de la realidad del país? Demás no está repetir que es a los preceptos que gestan nuestra normalidad a los que debemos acudir cuanto antes para atajar este problema. Desde el estricto punto de vista de la política pública, ciertamente mis sugerencias tendrían que estar acompañadas de otras iniciativas para dar resultado. ¿Cómo plantear, por ejemplo, un desarme del país sin revisar las políticas que criminalizan la enfermedad? ¿Cómo plantear una paz urbana sin revisar las lógicas que hacen de la urbanización una práctica de la exclusión? ¿Cómo, en otras palabras, proseguir sin revisar lo que es justicia al principio del siglo XXI?

Desde el punto de vista cultural, son la paz y la violencia el espíritu de mis reflexiones. En ambos casos, el de la cultura y el de la política pública, es necesario replantearnos lo que hacemos y por qué lo hacemos, si es que vamos a optar por un futuro más amplio y distinto al que hoy compartimos, aunque sea en la forma, la mayor parte de las veces, de un negativo.

Reading, Writing, Object: Antidisciplinary Research, and its Context

Even when the history of the 20th century has allowed the use of the term postcolonial, the onset of the 21st century calls for an evaluation of power from such a historical and recent point of view to, in turn, think through a research agenda that will consider such an assessment. Obviously, I am thinking that there is a difference between the postcolonial era and globalization. It is a difference, nonetheless, that intertwines one and the other in such a way that it is necessary to think through the possibility of a new wave of colonization, a change from a disciplinary to a controlled society, and a "culturalization" of the sovereign nation, the liberal institutions, multiculturalism, and the market. If there is such a difference, critical reason is in need of a research agenda that would be specific and empowered to confront power's contemporary expressions.

The invoked change calls for further elaboration and study, but it is the concept of disciplines that weave together the works of Foucault, Deleuze, and Virilio, the theorists that best describe this recent contemporary condition. Suffice it to say that, in the case of the mechanical reproduction of reality, the bio-political control of populations or permanent war, it is science and disciplines that govern the production of knowledge. It is to that convergence, within the differences invoked, that critical reason deserves focused attention if it is going to strive to an alternative at the beginning of the 21st century.

The object I want to describe through a reading of John Mowitt's *TEXT: The Genealogy of an Antidisciplinary Object* will steer creativity, reading and writing within a disciplinary context without, as Mowitt argues, being merely a recording of the context from which it stems. Thus, antidisciplinarity creates the possibility to embed criticism in reading and writing far and away from the context that conditions research in the first place. It is such a possibility that creates one of the conditions for furnishing criticism with tools to confront the transformation of power in the current century.

Through the category of ambivalence, Mowitt demonstrates the way in which the text, while losing some of its powers to Jameson's postmodernism (i.e. fashion and the cultural industry), embodies a questioning of the limits of disciplinary reason to, at the same time, outdistance from what makes it possible in the first place (Mowitt, 1992). It was Frederic Jameson who suggested that the text loses itself to history by putatively bracketing history in what, he suggests, is no other than an expression/affirmation of the cultural logics of late modernity. Jameson's concern colors an important part of Mowitt's book, but it does so to demonstrate the profound inscription of disciplinary disruptions that animates the text even in the contemporary moment. Re-working the text's relations to history, Mowitt argues, is to work through the way in which the text, as a mechanism and technology within language, works to oppose disciplinary reason as such.

The text, according to Mowitt, is riven by controversy since its inception. It's recording of productivity, play, and homoerotic pleasure is an opposition (although not an opposition that scores a complete alterity) to the metatheoretical constitution of subjectivity. In fact, Mowitt suggests, the pop effect of the text is a way to give credence to the limits of a critical field, which qualifies it as avant-garde, since it is neither fashion nor totally different from it. This is precisely what the concept of the text, in Mowitt's hands is meant to capture, as I have said, without succumbing intellectual influence to disciplinarity, or outdistancing, in a quasi-sovereign critique, the logic of neither disciplinarity nor fashion. So, if there is a pop effect in the text, it is only a recognition that critical practices, reading, and writing must maneuver their possibilities within a cultural and political context, which has profoundly changed through a logic that compromises its agency. That said, Mowitt's use of Derrida, Kristeva and Barthes work provides criticism and its practice a way to confront power where it makes itself possible in the first place. That is to say, the text addresses one of the crucial dimensions of criticism within contemporary society.

The Text as Antidisciplinary Object

The sociogenesis of the antidisciplinary object is traced by Mowitt to an interest developed in the journal *Tel Quel*, which tried to outdistance literature from ideology by an appeal to science. *Tel Quel's* initial interest in literature and ideology, Mowitt suggests, was transformed in such a way that it made the journal participate in the precipitation of the text, a transformation that emblematically would designate a critical practice. The problematization of literature, evident in *Tel Quel*, is readily implicated in the advent of the text and is what Mowitt mobilizes as an anti-disciplinary object.

One of the ways in which literature was problematized, Mowitt suggests, was Jacques Derrida's exploration of the signifier when he joins philosophy and literature as written discourse. The text in Derrida's work, he continues, straddles, in transforming philosophical practices, two semantic paradigms: one that takes issue with transcendental phenomenology and the other with literary hermeneutics. Derrida's problematization of the literary as a philosophical reflection amounts to the mobilization of reading into the infrastructural sense of the text by connecting it to the practice of reading. Such a foregrounding of the task of reading, Mowitt continues, specifies the read object that organizes one's reading, a maneuver that organizes what one will discover in the practice of reading as a set of constraints upon the cognitive sovereignty of the critic and the author.

Derrida's claims amount to a consideration of the disciplinary grounding of the text, which nevertheless is not an ontic claim. What he says, Mowitt argues, is that reading must make available a methodological space wherein the process of generating the meaning of texts can be examined, since it does not avoid the text but treats it as a construct for which the critic is, to some extent, responsible. The text is, thus, an analytic category designed to produce this impossible border of the signifying structure of whatever the textual model is used as reading and the subjectivity of the critic in a way that compromises both, the object read and the critic.

In a similar fashion, Julia Kristeva's concept of productivity, Mowitt continues, stages the text as an instance of certain analytic practice that shows the mode of production of the speaking subject, but does so by being incapable of recuperating what it designates as recoverable. Kristeva, Mowitt suggests, refuses discourse as the object of semiology, which creates a new object but, in so doing, semiology itself undergoes a transformation that problematizes its own relation with the disciplines. The text in Kristeva's work, it is Mowitt's contention, is the apparatus that affects the order of language by confronting its normative and communicative utterances with the processes presupposed by it. Meaning is treated much in the same way as Marx treated value.

Productivity, as Mowitt argues it, is thus the marking, in the text, of the psychosocial that does not necessarily reflect it, but serves to designate and make available for analysis the language use that discloses the emergence of the speaker within a historical field. It thus serves to capture the way in which a speaker's position is merely symbolic, by showing such positions relying on formulations of agents used and who use language. In this way the text designates the process wherein the production of meaning and the appearance of the self as a communicable instance eludes the speaker and the writer, society more generally, as it is defined by the subjection of agency. The task of showing the eliding of the I, however, is contradictory, Mowitt continues, since the text must operate by being incapable of actually recuperating what it designates as recoverable, since productivity is an attempt to come to terms with the social production of what outdistances, and thus negates, the social or what is the impossible boundary between both.

The text, Mowitt thus suggests, "surpasses" the limits of the social and the subject in what is a redistribution of many discourses that constitute the social in a way that maintains society unsettled from within, by frustrating societies and one's own expectations of oneself. Productivity, as are what Mowitt calls Barthsean pleasures, the text's third register, affects by means of a redistribution the conditioning matrix of the I. It does so without being able to recuperate what it says it will, that is to say the I, since once it is shown to be conditioned by its means of production, it is neither the I of society nor the I of the self, but the I of productivity, shown as more than it is to itself and to society.

The text's third register is the one constituted by what Mowitt has called Barthes' pleasure. They stage a productive bliss, as it is an engagement of society's production of pleasures. They do so, Mowitt suggests, by orienting research and theoretical practice away from the surface, regulated by the cultural industry and toward conditions of the institutional production of this surface.

The Barthsean pleasure, Mowitt suggests, is a pleasure without separation or what in the psychoanalytic tradition, at least for Lacan, is the moment when the infant begins to recognize its existential boundaries, a process that renders a transition from the preoedipal to the oedipal phase, bestowing a precarious subjectivity. Instead of this pleasure being an orgasmic pleasure, he continues, is one in which the subject loses himself/herself in a sudden pre-oedipal non differentiation, a bliss, or what Barthes considered a hallucinatory model. This hallucinatory model is meant to convey the manner in which, for instance, one is haunted by someone's words, and where these reorient his or her life.

The reorientation of life, it needs to be clarified, does not neces- sarily erodes difference altogether, since what both Mowitt and Barthes are trying to suggest is that hallucination works with something we have detached from a work or from a speaker who uncontrollably returns to us and addresses us in a voice we would like to claim as ours, but is not really ours. Here, the effect is, instead of constructing, let's say, literary pleasure on closure and meaning, it is instead based on a model of reading that compromises the reader in the very act of reading. What thus distinguishes Barthes' notion of orgasm, Mowitt argues, is now defined by a diffusion and proliferation that, at once, displaces the phallic organization, while placing the subject in a multiplicity of positions. The Barthsean pleasure is one that is made possible by the death of the author, but an author whose death returns in the form of a phantom and fragments, representing the very idea of dispersion. What links the author with death, Mowitt argues, is its ghostly presence, which returns to the text to lure the reader into the dispersion of details. In turn, this presence invites him to founder on the rocks of coexistence with the ghostly presence of the author.

While Mowitt suggests that the invitation and the effect of bliss motivated by the body of the author that has returned is one that evokes orgasm, albeit as dispersion, he emphasizes that Barthes places greater emphasis to the task of rewriting death as the dispersion of unified consciousness. Bliss joins "le petit mort", Mowitt suggests, at the point where the force of our analysis opens itself to the dispersion of consciousness behind the text that brings the ghostly body of the author and the body of the reader into contact. The effect of such a contact is not necessarily a reader lying besides the writer who has returned. Instead, Barthes and Mowitt point to the changes that a dead author, or its phantom, produces to a world that denies their existence (in effect, they destroy this world).

What makes bliss or orgasm possible, Mowitt continues, is not the nature of the behavior that brought them into contact, but the spycho spatial enigma of the contact itself (it is as though one has come into contact with oneself through the other who, it turns out, has done the same, therefore leaving neither of them in the same place). When Barthes assumes, Mowitt suggests, the criticism of a unified consciousness, he needs to undermine the category of sexuality by reducing it to the practices that transforms the substance of language by overcoming the separation between our speech acts and the institutionally sanctioned discourse that comprehend them as examples of language. If the text were to assume the properties of a specific logic (of a non-contradictory language, language per se, or its metaphysics) it could serve as exactly the containment of the bliss it was designated to oppose.

Conclusion

There ought to be little doubt about the relations there are between colonialism, disciplines, and modernity, although the relations between postmodernism, globalization and disciplines are less clear. Since modernity empowers knowledge up to the limits of truth, truth is made visible within the limits set up by disciplines, while colonialism is geared by this normative content. There is, on the other hand, a direct relation between the three concepts. Colonialism is thus a spatio-temporal process that makes intelligible national spheres and discreet individuals as if they were essential instances of the social. In fact, colonialism denies the contingent nature of both since it, as an onto-epistemic institution, blurs its own historic and social motivation.

Students of knowledge know how knowledge has been produced on the basis of interests or ideologies. For analysts like Messer Davidow, Shunway, and Silvan (1993), it is also known the ways in which social structures (research institutions and professionalism) organize knowledge production. Foucault and Mowitt take the study of knowledge production beyond structural and sociological studies, since what they theorize is the motivation of an object of knowledge and its return to condition the experience of communities of scholars as unitary. In fact, Mowitt, drawing from Kuhn, suggests that a discipline's object is not necessarily real. Instead, it is a regulative fiction that really works to orient research within a particular field, leading it into connection with the real. When the regulative fiction that constitutes the real returns, it conditions the community as a discipline or as a paradigmatic instance in which certain statements are rendered intelligible and valid while others fall from such a horizon. In this way, a discipline becomes possible by the motivation of an object of knowledge (hence, its objectivity) and not just by the recognition of a normative backbone.

Disciplines disallow thought of their institutional grounding because they operate by making it intelligible rather than understandable. In fact, they operate by the denial of the social and historic nature of what they, in the first place, motivate as a realm of objective knowledge.

The theorization of disciplines in Foucault and Mowitt demonstrates that this object is in fact socially and historically motivated, and coterminous with the community that sets itself out to know it. Such a knowledge proceeds by the tacit denial of its historic and social nature. An antidisciplinary object operates neither from the stand point of the subject nor from the object, but in the space that plunges both in an epistemological transformation. The text is a methodological field and a stereographic surface of significance in which our reading and writing become cognizant of its institutional underpinnings. As an epistemological slide, the emergence of the text invokes a transformation of the object of our study.

Derrida's mobilization of reading to embody the infrastructure of a book, as it is Kristeva's case with the production of the I, and Barthes' analysis of the pleasures of societies, shift our attention. In changing the object of our reading itself, we would be shifting our attention to the institutional grounding of disciplines. Such a reading and its writing constitutes a resistance to the limits set by disciplinary reason in the contemporary world.

La estadidad y el problema colonial[19]

Si el problema colonial de Puerto Rico tiene todo que ver con el poder, con una relación fundamentada en la política, en la dicotomía metrópolis-colonia, ¿no es la estadidad una manera insensata e infantil de plantearnos ese problema?

A mi manera de ver las cosas, esta pregunta debe ser contestada afirmativamente. En primer lugar, por eso el uso del adjetivo "infantil" al referirme a la estadidad. El problema colonial de Puerto Rico no tiene nada que ver con la igualdad, sino con la asimetría que existe entre una metrópolis y una colonia. Segundo, lo es porque se sirve de un planteamiento falaz del problema colonial de Puerto Rico. El anexionismo reduce el problema colonial a uno estrictamente gubernamental/legalista, excluye el asunto cultural y evita toda consideración sobre el poder, un elemento esencial al tratar una relación política como es el coloniaje.

El coloniaje es, a todas luces, una relación de poder y un poder que individualiza y totaliza, es decir, crea una diferencia entre individuos autónomos que refieren a una totalidad desde la cual esas diferencias se sostienen. Igualar la desigualdad, como plantea el anexionismo, es meramente replicar la dicotomía metrópolis-colonia sin prestar atención a los fundamentos del coloniaje. Por eso, el anexionismo está lejos de ser una solución para el problema del coloniaje en Puerto Rico. El coloniaje, lejos de tener solución en la anexión, estará resuelto en el momento en que los términos individualizantes y totalizantes que plantea sean subvertidos. Posiblemente, ese problema necesite de consideraciones que, incluso, vayan también por sobre los planteamientos del independentismo. Después de todo, la soberanía, aunque es una forma de lidiar con una jerarquía de poder, se nutre de los instrumentos individualizantes y totalizantes que son característicos del poder moderno.

---

[19] Una versión previa de este ensayo fue publicada en el periódico *Claridad* el 19 de enero de 2010.

Para comenzar a entender las manifestaciones puertorriqueñas del poder colonial, es necesario saber que bajo el Estado Libre Asociado los puertorriqueños asumimos las responsabilidades de la metrópolis y lo hicimos dentro del mundo internacional matizado por el poder neocolonial de los Estados Unidos. De igual forma, debemos saber que el coloniaje no se resolverá si los puertorriqueños ocupásemos el espacio metropolitano dentro del estrecho margen del liberalismo y el federalismo estadounidense. Eso sería meramente una sustitución de polos y, para ser coloquial, más de lo mismo. Por eso, el asunto del estatus y el de la nación puertorriqueña estarían mucho mejor servidos por un entendimiento del poder colonial, del lugar en donde se hace represivo y productivo, aunque sea desde el Puerto Rico posnacional, quizá cosmopolita, o en la diáspora. Por eso, es infantil decir que el problema colonial de Puerto Rico estará resuelto por la paridad de fondos, el ejercicio de los derechos de la ciudadanía estadounidense o la asimilación. Claro, el día en que ocurra, si es que así fuera, será necesario repensar los parámetros de la nación puertorriqueña y su complicidad con el poder moderno y sus manifestaciones postmodernas.

Resulta pueril no darse cuenta de que la paridad de fondos, el ejercicio de los derechos de la ciudadanía estadounidense y la asimilación ni siquiera van al problema del coloniaje, es decir, al problema del poder. Dentro de esa formulación, la jerarquía colonial viene a convertirse en solución en la medida en que sus proponentes quieren hacer al país una instancia metropolitana. Por eso, es pertinente decir que la descolonización de Puerto Rico necesita mucho más que un cambio entre polos y, ciertamente, mucho más que la estadidad federada. Necesita, pues, una transformación, una reformulación de la jerarquía colonia/metrópolis. Incluso, en el caso de la independencia, esta tendría que plantearse el poder colonial y sus formas neocoloniales como parte de lo que es necesario resolver en el caso de que se hiciese un hecho. De otra manera, el poder colonial mantendrá su peso sobre Puerto Rico y no existiría transformación alguna de la jerarquía colonial con la independencia. Sobre el Estado Libre Asociado, cabe decir que sus días aparentan estar actualmente extinguidos y que, desde lo que fueron sus posibilidades, nunca se hizo formulación alguna sobre el coloniaje y el poder.

El asunto colonial tampoco se resuelve, aunque sí se reorganiza, con la inflexión multicultural y la posnacional que aflora en la discusión sobre la descolonización de Puerto Rico. Ambos arreglos culturales son los pivotes de la globalización de Occidente y una reformulación del poder moderno que individualiza y totaliza y que, como he dicho, es gran parte del problema. Por un lado, el multiculturalismo responde a una nueva posición de la política desde donde se puede nombrar al otro sin tener que dar cuenta de la posición de enunciación. Por otro, el posnacionalismo pierde de vista la vigencia contemporánea de los arreglos nacionales, a la vez que replica los parámetros que aparenta abandonar.

Un cambio de esta naturaleza, el que transformaría la posibilidad de la dicotomía metrópolis-colonia, tiene que ser uno que se adentre en la modernidad del poder y en la posibilidad de presentar opuestos como necesidades últimas de la política, como fundamentos esenciales de la identidad, así como esta se manifiesta dentro de los idearios de las diferentes fórmulas de estatus. Es ese poder, disperso, que totaliza e individualiza, el que requiere acción intelectual para que podamos, en el pensamiento y en la práctica de la política, comenzar a atender el problema del coloniaje que parece unirnos. El poder, pero, repito, no el electoral, el de convocatoria o el que el liberalismo ha distribuido en el ejecutivo, el legislativo y el judicial, sino el que, mediante la totalización y la individualización, constituye el Puerto Rico de hoy como si fuera una diferencia necesaria, esencial y definitiva de lo que son los Estados Unidos. Ese es el poder que requiere de atención, si es que el interés nuestro sigue siendo la descolonización.

De hecho, es la posibilidad de la descolonización la que está en juego en los planteamientos insensatos hechos desde la estadidad. Quizá, mi aseveración sea cierta porque esta nunca ha tenido vigencia por mantener intacto el tipo de poder que hace y divide a los pueblos que nos relacionamos con una metrópolis. La descolonización es, entonces, un proceso de pensamiento y la práctica de la política que tenemos que asumir desde el terreno fragmentado del presente y desde el poder que lo hace posible. Desde esta óptica podemos todavía acceder, no solo a la relación que existe entre la estadidad y el problema colonial, sino a la propia discusión del estatus de Puerto Rico, a la forma de nuestra nacionalidad.

Las Comunicaciones y
el evento comunicativo

Con el advenimiento de la semiótica y el psicoanálisis, somos testigos de un "desplazamiento epistemológico" (Barthes 1964, 1977a, 1977b y Mowitt, 1992) en el seno y corazón de las Comunicaciones. Estas dos disciplinas desplazan su concepción del sujeto y objeto y, así, desdoblan las Comunicaciones en lo que es un evento dentro de la disciplina y una ampliación interdisciplinaria de su quehacer teórico. De esta forma, el concepto de evento, desarrollado, entre otros, por Derrida (1971a), habla de una reconcepción de la disciplina, así como de la teorización futura de un fenómeno productivo, en el sentido en que lo desarrolla Kristeva (1984). Ambos fenómenos apartan la disciplina de la ciencia tradicional para hacerla ver su condición política y hacerse de un tipo de política atada a la idea del evento comunicativo y de la creación.

Entre los efectos principales del evento están, en primer lugar, la posibilidad de que las Comunicaciones hagan internas a su pensamiento los fundamentos disciplinarios que la motivan y, en segundo, la posibilidad de considerar la comunicación como un evento semiológico en vez de un tránsito meramente comunicativo. Estas dos consideraciones (que presentan una ruptura en la práctica disciplinaria de las Comunicaciones), por un lado, expanden el modelo de reflexión disciplinaria y, por otro, acercan las Comunicaciones a la creación (más que a un entendimiento empírico del objeto que reclama como suyo). El asunto, claro está, no es eliminar la disciplina, sino darle cabida plena a descubrimientos que, si bien cuestionan a las Comunicaciones, expanden su devenir teórico, conceptual y político.

La disciplina de las Comunicaciones, no solo por deseo expreso de sus fundadores, sino por su articulación (Mattelart y Mattelart, 1995), funciona en pro o para mantener el *status quo*. Funciona, así, como un orden que mantiene sus coordenadas mediante la representación del estatus vigente.

La alternativa que nos ofrece el evento comunicativo, un hecho que está matizado por una ruptura en el seno de la disciplina de las Comunicaciones, es una que participa de la politización de la representación al reconfigurar la existencia del objeto y el sujeto de la comunicación. Más aún, con el evento comunicativo podemos modificar el objeto mismo de la comunicación y, en cierta medida, repensar su sujeto. Este surge como un sujeto organizado por la producción, en vez de por su mera condición óntica. De esta forma, las Comunicaciones le deben a las teorías estética, literaria y cultural parte de su futuro teórico, conceptual y político.

Como un comienzo, los estudios de la comunicación han sido estudios sobre gobierno y control de la sociedad de masas. De igual forma, las Comunicaciones han sido estudiadas a través de métodos positivistas y cuantitativos, métodos que propenden a este interés institucional. Los modelos lineares, como los de la aguja hipodérmica, han sido sustituidos más tarde por modelos que hacen inteligibles la existencia de intermediarios en el proceso de la comunicación.

Mattelart (1995) nos sugiere que la receptividad de Wright Mills al Marxismo abrió paso para la teoría crítica de la comunicación (lo que conocemos como la Escuela Británica de Estudios Culturales). Mills, según Mattelart (1995), conecta la problemática de la cultura con los conceptos del poder, la subordinación y la ideología, ángulos analíticos que se perdieron en los estudios positivistas de la comunicación. El positivismo, sin embargo, se fortaleció con los estudios de la información. Así, la teoría de la información no es más que la concepción matemática de un mensaje entre dos polos dentro de un contexto de distorsión. La teoría excluye cualquier problematización que defina la técnica en términos diferentes a los del cálculo, la planificación y la predicción.

La comunicación, de otra parte, también ha sido sometida al análisis desde la teoría crítica. Existen contemporáneamente muchos tipos de teoría crítica. Algunas de ellas, tal y como los estudios de la comunicación a los que hemos hecho referencia, participan de la ciencia occidental, mientras que otros parten de premisas críticas de la ciencia tradicional. Posiblemente, la mejor manera de dividir el campo de la teoría crítica es a través del estructuralismo. La diferencia básica de los dos campos tiene que ver con la concepción de un ámbito extralingüístico (la estructura) o metanarrativo, y uno que, aunque no de la misma forma, tiene visos estructurales, aunque existe como parte del lenguaje que antes era únicamente metafísico.

El interés analítico de los estructuralistas es saber cómo las estructuras sociales se confabulan para viciar la transparencia. Las preguntas de los posestructuralistas están más cerca de querer saber cómo se ha hecho posible la transparencia en primer lugar. La más prominente de las proposiciones estructuralistas es la que se adhiere a la idea de que hay una estructura subyacente en la sociedad que ordena la cultura y que puede ser entendida objetivamente. El funcionamiento y las consecuencias de esta estructura, sostienen los estructuralistas, es aprehensible por métodos científicos. Al tomar estas premisas como base, los teóricos de Frankfurt pueden ser clasificados dentro del campo estructuralista.

Para la Escuela de Frankfurt las masas padecen de falsa conciencia y han sido manipuladas a creer algo distinto a la verdad (Held, 1980). Probablemente, el más popular de los modelos de comunicación dentro del campo estructuralista es el modelo de codificación y descodificación de Stuart Hall (1973). Hall propone un nivel de producción, uno de circulación, uno de distribución y uno de consumo y reproducción (Hall, 1973). En el nivel de la producción, las determinaciones estructurales del sistema (el sistema de los estudios, de las estrellas y el de las relaciones de producción) hacen que los individuos participen de una compleja estructura de dominación. El objeto de estas prácticas es hallar significados en la forma de vehículos simbólicos constituidos dentro de las reglas del lenguaje. Son estos significados, sugiere Hall (1973), los que tienen un efecto y una influencia en la recepción.

El polo de la recepción, el tercero en el modelo de Hall, es en el que se encuadran los mensajes mediante estructuras de entendimiento producidas por relaciones sociales y económicas que permiten o no la transmisión del mensaje. Lo que podemos entender del modelo de Hall es que existe una estructura que permite la falsa conciencia, que es entonces identificable mediante análisis posicionales. El posestructuralismo, en vez de buscar la estructura como el objeto de una ciencia, ha provisto métodos y evidencia para entender la formación de ese objeto y de esa ciencia. Es decir, en vez de formular un objeto en la forma de una estructura social, se entiende con la forma en que ese objeto se constituye en primer lugar, inclusive, con la estructura que es parte esencial del análisis que se pretendía.

Aunque los recursos analíticos del posestructuralismo son mucho más de lo que razonablemente podemos discutir aquí, estos son métodos que se involucran con la formación y la transformación de un objeto. Lo que en el estructuralismo es un objeto científico, para el posestructuralismo es la formación de un lenguaje secundario. En otras palabras, el posestructuralismo no desea encontrar estructuras, clases o intereses que impongan trabas a la transparencia ni a la comunicación. En su lugar, concibe todo significado como el producto de un proceso de significación que le pertenece al lenguaje. Es este "descubrimiento" el que he llamado evento y el que propicia una ruptura en la historia de las Comunicaciones.

De acuerdo con Derrida (1978a, 1978b), el evento comunicativo es una disrupción de la presencia del código y su sistema finito de reglas. Incluso, es la disrupción del contexto del código (entendido como aquello que excede el lenguaje). Este es una máquina productiva que ofrece un lenguaje para ser leído y reescrito otra vez. Así, el evento comunicativo rompe con el horizonte de comunicación, incluso con la autopresencia que desea significar algo. Decimos que rompe con el horizonte de la comunicación porque el evento comunicativo no aspira al significado ni a la transparencia. En cambio, es una puesta en juego mediante la agencialidad del significante. En este sentido, se burla de la intención que quiere significar porque el fin no es el significado, sino el juego de los significantes que ofrecen combinaciones en el lenguaje.

Hablar del evento comunicativo es, entonces, como dice Derrida (1978a, 1978b), la disrupción de la autoridad del código, un sistema finito de reglas, así como la destrucción de cualquier contexto como protocolo del código. Escribir, que para Derrida es la práctica del evento comunicativo, es producir una marca, una máquina productiva para producir un lenguaje que será leído y reescrito otra vez. De esta manera, el evento comunicativo rompe con cualquier horizonte de comunicación de una conciencia o de una presencia, así como con el deseo de significar. Así, el evento comunicativo, como lenguaje, incluye la capacidad de formarse y de funcionar como una referencia que está vacía de referente (de contexto o de elementos extralingüísticos).

El evento comunicativo, a diferencia del conocimiento objetivo, no descubre algo que está fuera del lenguaje. Tratamos con relaciones que se dan por el uso del lenguaje y el uso que el lenguaje hace de sí como objeto. Por definición, una marca escrita implica la no presencia actual del significante. Es, pues, la diseminación de una polisemia o, en otras palabras, la transformación del objeto comunicativo pues este no es el reflejo de un contexto ni el producto de un substrato que excede al lenguaje. Cuando consideramos el sujeto de la comunicación, sabemos que lo que tenemos es una posición en el lenguaje. Ello quiere decir que el sujeto usa el lenguaje y es usado por él de forma tal que su autopresencia queda comprometida por este uso y esta estructura.

Tanto el replanteamiento de la estructura, como el del sujeto de la comunicación, en la medida en que conforman un reposicionamiento de la disciplina, de su objeto y de su función como ciencia, son hechos significativos para la comunicación. Esa es la cualidad del evento comunicativo que presiona a las Comunicaciones a pensarse de otra manera y, asimismo, a practicarse de acuerdo con otros parámetros que, a todas luces, han perdido sus garantías metafísicas y que están dentro de la literatura, la estética y la semiótica. Si este es el caso y, en la medida en que las Comunicaciones han de mantener un interés en la teoría crítica, habrá que, por medio del evento comunicativo (que desdobla la disciplina), teorizar a las Comunicaciones dentro de un paradigma productivo, en vez de uno meramente de recepción de un significado. Se trata, en fin, de una entidad que, a todas luces, ha perdido vigencia a principios del siglo XXI.

El grado "cero" de la fotografía

Aunque parezca únicamente una manera de captar la realidad e imbuirla dentro de los parámetros de lo natural o de la naturaleza, la fotografía contemporánea, gracias a la irrupción de lo semiótico, se ha complicado considerablemente. Esta complicación está relacionada con la resistencia al mito, con la resistencia al significado, el mayor cómplice de la normatividad que se constituye con los modos fotográficos que parecen únicamente revertir al parámetro de la naturaleza. Ahora bien, en lugar de asumir la fotografía como ese parámetro, lo semiótico y el trabajo de Roland Barthes (1964, 1978 y 1982) proveen una expansión de las posibilidades del arte fotográfico, una expansión que es, a su vez, ética, política y conceptual. Ni Barthes ni la semiótica entran de lleno a considerar la práctica fotográfica como tal. Lo que sí hacen es proveer una serie de lenguajes que nos permiten, incluso, replantearnos la normatividad fotográfica y su ética. Esta nomenclatura está contenida dentro de lo que Barthes teorizó como el *grado cero de la escritura* y del estatus de lo *neutral*. Es de estos principios desde los que se puede articular un grado cero de la fotografía.

La fotografía grado cero acentúa la distinción entre la naturaleza y la cultura o, mejor aún, reescribe esa distinción de forma tal que queda inoperante como representante del significado (el principal soporte de la foto como naturaleza y como mito). Si este es el caso, es porque existe en la obra de Barthes una ética de las formas que aspira a ser una ampliación de los sistemas paradigmáticos de significación que están presentes en la fotografía como naturaleza y significado. Plantearse una ampliación del nivel paradigmático de la fotografía es lo mismo que la aspiración a que esta participe de una superación del significado, de los conflictos que le son inherentes y del orden al que propende.

De ninguna manera, la ética de las formas que destila del trabajo de Barthes es una nueva reprogramación o una antinaturaleza, por así decirlo. Es, en cambio, una forma de superar el orden significativo de las cosas en una nueva dimensión de la foto como entidad cultural. Si he argumentado que la ética de las formas es una superación de la naturaleza y del mito, no es porque esta se presente, como se desprende de este último planteamiento, de una oposición de la realidad tal y como esta está contenida en la foto. Es, en otras palabras, el avistamiento, el deseo y la posibilidad de un nuevo orden fundamentado en la superación del significado y de sus cómplices.

La ética de las formas que heredamos de la obra de Barthes es una que está fundamentada en el descubrimiento de lo semiótico en lo simbólico. Al plantear que este es un descubrimiento producto de lo semiótico, lo que pretendo demostrar es que, mediante lo semiótico, es posible adentrase en los anclajes de la realidad en la medida en que esta está contenida en la foto. Es en esa instancia (la instancia en que se sitúa lo semiótico en lo simbólico) en que opera la realidad, cuando se trata de la escritura, el lenguaje, el estilo y el modo de la escritura que representaron para Barthes el mundo de las formas. De manera similar, es en el momento en que las formas de ver se alían con un modo fotográfico, una técnica y un lenguaje desde donde surge el grado cero de la fotografía. Como el primero de los casos, el grado cero de la fotografía es la superación del significado mediante una aprensión de las formas de la realidad. Es, quizás, como sostuvo Benjamin (1978) en el caso del escritor, el surgimiento del fotógrafo como productor.

El concepto del grado cero es uno que se desarrolló, inicialmente, en Barthes en el texto que lleva el título de *El Grado Cero de la Escritura*. Según Susan Sontag (1978), la importancia del texto radica, precisamente, en la introducción de la idea de las formas en la práctica de la escritura. Según ella, *El Grado Cero de la Escritura* es un texto que se desarrolló para debatir en un contexto francés en donde, por un lado, existía una gran apreciación del simbolismo y del surrealismo en contra de la distinción de los modos realistas de la escritura y, por otro, es un texto que versa sobre la relación entre la literatura y la política. De esta forma, Barthes propone las categorías de lenguaje, estilo y escritura para abrir el parámetro de las formas en la práctica del escribir.

El grado cero de la escritura, si es que le vamos a brindar un grado de precisión y utilidad, aunque parezca una contradicción, es más bien una actitud crítica que un modo de escritura. Este revierte siempre al lenguaje, el estilo y la escritura, categorías que Barthes utilizó para exponer sus ideas sobre el compromiso del escritor dentro de la sociedad. Barthes, según Sontag (1978), las presentó como una diferencia de lo que era para Sartre un paradigma comunicacional de la literatura. Barthes estaba muy consciente de que no había forma de escritura que no fuera absorbida por la cultura burguesa ante la cual inicialmente la escritura se oponía (Sontag, 1978). Claro, como he dejado entrever, el escritor cuenta, más que el paradigma comunicacional y la temática de Sartre, con los recursos del lenguaje, el estilo y la escritura misma para instituir su compromiso y el modo crítico, algo imperativo para él.

El grado cero de la escritura es, pues, el tipo de escritura que se alía con la resistencia desde la óptica de las formas, más que con la comunicación. Es, para ser precisos, el tipo de escritura que cuestiona los ordenamientos ilusorios y naturalistas de la realidad. De esta manera, Barthes presenta un tipo de escritura que es comprometida, no por lo que dice, sino por cómo dice lo que dice. El nivel de las formas, desde donde Barthes instaura el compromiso del escritor, es el que presentaría su propia "teatralidad", su propia condición de producción. En ese sentido, el grado cero de la escritura es un compromiso con el cuestionamiento de lo que la sociedad, en su forma burguesa, intenta naturalizar (la literatura y la escritura, inclusive). Lejos de ser un pesimismo, la de Barthes es una postura que reactiva la condición del crítico, aunque lo entienda a este dentro de un entorno cultural en donde sus esfuerzos son siempre absorbidos por la cultura dominante. Es por eso, también, que se puede decir que Barthes propone una ética de las formas entre los pivotes del lenguaje, el estilo y la escritura.

El grado cero de la fotografía, por su parte, evidencia el hecho de que tratamos a un objeto en la cultura, más que a un objeto en la naturaleza. Más aún, es una aspiración a subvertir el paradigma de lo natural mediante recursos que no permiten la clasificación dentro o fuera de esta. Esa es, posiblemente, la aspiración de lo neutral que Barthes desarrolló y que es cónsona con el grado cero de la fotografía. Lo neutral, aunque no es una teoría de la fotografía, como lo es *Camera Lucida* (1981), presenta un desafío a los hallazgos que, a través de su carrera, son palpables en la obra de Barthes. Es la propia naturaleza del lenguaje, incluso el fotográfico, la que contiene a la naturalización que es el punto de llegada. Es por eso que lo que puede decirse en plenitud del grado cero de la escritura y el de la fotografía es que es una ética fundamentada en la subversión del paradigma de lo natural que,

117

entendió Barthes, es parte esencial de la violencia del lenguaje. Es, pues, una ética que está fraguada por lo que puede decir la fotografía de sí misma, por lo que puede decir de su relación con el receptor y por lo que emana del cuerpo del fotógrafo.

Aunque es una cualidad inherente de toda foto, después de todo, esta es una entidad diferente a la naturaleza. La fotografía presenta, según Barthes, una disposición a sus formas que subraya la diferenciación que sugiero. Así, dentro de la fotografía contemporánea, se hace posible identificar un tipo de fotografía que expone su propia condición como ente lingüístico y retórico mediante procedimientos performativos y estilísticos que actúan esta condición cultural de la imagen. La mejor forma de entender el grado cero de la fotografía es mediante la teorización de lo neutral que realizara Barthes (2005) en la última parte de su carrera.

Barthes describe lo neutral como aquello que subvierte el paradigma, que lo sobrelleva como un deseo por la superación de la oposición entre dos términos entre los cuales uno es seleccionado para producir un significado. En donde existe un paradigma, existe un significado, y todo conflicto es generativo de la producción de significado. Para definir el grado cero de la fotografía de forma similar al grado cero de la escritura y hacerlo con referencia a lo neutral, hay que adentrarse en lo que Barthes llamó, en su última etapa, una ética de las formas. Es a esa responsabilidad a la que llama el grado cero y es a ese compromiso político que está destinada la definición de lo neutral dentro de la fotografía contemporánea cuando aparece enmarcada según la ética de las formas desarrollada por Barthes.

Así, lo neutral es el deseo por el otro del conflicto, el significado y el ámbito paradigmático del lenguaje. Es, en otras palabras, la renuncia a la dogmatización. La aspiración o el deseo de lo neutral es mucho más y mucho menos que un estado neutro. Es, en cambio, la superación del significado, en lo que posiblemente es la significación, en el entorno conceptual de Barthes.

Como queda claro en *Camera Lucida*, lo que es único de la fotografía es el hecho paradójico de la pérdida del referente que una vez fue y que es su forma presente. En el momento de su recepción, solamente puede hablar de esa pérdida, de esa catástrofe. Ahora bien, la invitación a las formas que no está exenta de la naturaleza de la fotografía, en tanto que medio de comunicación y expresión, es, de igual manera, más que un estado del significado, una invitación a la significación. Por eso, resulta imposible definir un grado cero de la fotografía que no sea la reactivación de una rebelión en contra de la naturalización de la que es parte la fotografía de la industria cultural. Ya sea por su diferencia como lo "obtuso" o lo "obvio", el "studium" o el "punctum", la incitación de Barthes es a las formas en la construcción de la foto y en su recepción. Esa es, en otras palabras, la propia imposibilidad de un grado cero de la fotografía, una imposibilidad que no deja de registrar una paradoja en la medida en que, de forma atópica, estilísticamente, desde el lenguaje y desde una ética de lo "neutral", reescribe la realidad para ser vista como una reinvención imposible o, mejor aún, paradojal.

Towards a (Latin American)
Post Avant-Garde

Whether or not a theory of a post avant-garde will prove successful for Latin America, it is an issue best left for history and practice. Nonetheless, there is no doubt, I think, that regaining the left's bearings on the question of art after its crisis requires a theory that would outdistance the historical avant-gardes, would displace the current terms of art, and would provide support for a theory of creativity within postmodernism. This amounts to a rethinking of the project of the historical avant-garde, a rather complicated and long process that requires more than one intervention as well as a series of theoretical devices. Here it is possible, however, to problematize the autonomy of art by linking it to an "interior" of representation and chart a position for the post avant-garde artist. This amounts to the beginnings of a theory of a post avant-garde.

If Barthes and Kristeva, while thinking the semiotic, accomplished the unsettling of the aesthetic, the very process that is necessary to furnish a post avant-garde, it is not because they posit a complete alterity (positive or negative) from the institution they began with (Barthes, 1982; Kristeva, 1984). It is because they unsettle the symbolic from within through a new language in which both, the symbolic and the aesthetic, are contained. In this sense, language and the aesthetic are not negated or shattered, but redistributed from the place in which its foundations are articulated: the coded and referential nature of representation. The idea in Barthes, Kristeva, and the theory of the post avant-garde is not to make the aesthetic a difference from the symbolic, nor is it to break apart to make it merely representable as fragments. Art, as object, is not a position within language, but rather a position "before" and in language that, nonetheless, is oriented to the place of its otherness. It is, precisely, such a "within" that is necessary for outdistancing the historical avant-garde and to furnish the left with a post avant-garde. Before expanding on the question of art as object, let us undertake the ideas of the avant-garde and its postvanguardist counterpart.

As Sarlo and Yúdice have suggested, advertising has undertaken the project of the historical avant-gardes; when not, it has been utterly put aside by postmodern theorizing (Sarlo 2001; Yúdice, 1992). Although I have still to establish the relation between the avant-garde and the post avant-garde for the mentioned enlargement to take place, it is necessary to say that the contributions of the European avant-gardes that Burger and Unruh have underlined - the politicization of life's practice, the destruction of the autonomy of art, and the socialization of the artist - were not made true in Latin America nor in Europe, albeit claims of the contrary (Burger, 1984; Unruh, 1994).

As the negative rendition of bourgeois culture, art was not destroyed. In fact, it was rewritten as a national canon and a new autonomous position in language. As part of that initiative, an attempt was made to blur the boundaries between the political and the cultural vanguards since there would no longer be a distinction between pure and political art. This questioning responded to the articulation of a non-organic or allegorical art that questioned representation and the wholeness of the artistic object. The function of art was thus altered to the extent in which it would not only reflect itself, but would be immersed in reality, since it recorded aspects of it. Modernism and the avant-gardes were, however, national and nativistic in their formula-tions. The difference was that modernists searched for a new language while the avant-garde searched for a pure origin, a ground zero. However, in both cases the autonomy of art was furnished in a new level. This is a contradictory process, to say the least, a process that remains trapped within the horizon of the avant-garde. Then, to move into the realm of the post avant-garde it is necessary to unsettle the institution of art. Otherwise, the historic contours of the avant-garde would remain untouched by theory and/or practice.

Modernists constructed an artistic object with no other purpose than art. If modernists were engaged in what Benjamin called "l'art pour l'art", the Latin American avant-gardes were concerned, in turn, with questioning that kind of artistic formulation, that autonomy, and its role in society. Such a questioning meant the renovation of language, a difference from academicism, and the conflation of art as the content of form. In no sense, neither, the Latin American avant-gardes where engaged in the thinking of the autonomy of art, a consideration that the turn of the 21st century has brought to the fore of critical thinking and that is cortical to a theory of the post avant-garde.

According to Mari Carmen Ramírez y Héctor Olea, rather than the forward thrust of the European avant-gardes or the newness embodied by the Modernist pure art, avant-gardism in Latin America meant the search for what was properly Latin American in the millenary traditions of the continent (Ramírez & Olea, 2004). I am not implying that the Latin American avant-gardes needed to copy the European ones and, in that way, subvert the autonomy of art. Neither am I suggesting that there is a worldwide kind of art that will cease to be autonomous. I rather suggest that there was an aesthetic nativism, a canon, and an autonomy that is within the realm of what was theoretically at stake. In Latin America, the search was backwards rather than forward.

In Europe, these movements remained blind to the immersion of the bourgeois individual in the reproduction of the international division of labor and, thus, in the reproduction of the Europeaness of art and Eurocentrism. In other words, both the Latin American avant-gardes and their European counterparts reenacted the autonomy of art to the extent that their experiences as artists was conditioned by an international division of labor.

In sum, non-meaning, anti-art, and shock still remain as marginal discourses that are, in fact, away from life's practice and bourgeois coded behavior. This is not because advertising colonizes art, but because autonomy constitutes a marginalization of art, even in self-reflection, since non-organicity, anti-art and shock are only art's negative formulation. This condition, with all the complexities of contemporary art, has in the theory of the semiotic a compelling antidote, an antidote that, on the one hand, rethinks the autonomy of art by rendering it open, while, on the other, restitutes the possibility of a difference in art even when it has been absorbed by the culture industry and mechanical reproduction.

The symbolic has emerged in psychoanalytic theory as a way to point to the condition of the real when the mirror stage has been superseded (Lacan, 1973). In it, the identification of subjects is the negative of what they are, but a negativity that records the resolution of the ideal identification that is the primary characteristic of the mirror stage. The symbolic is thus the configuration of the differential system of language where subjects take positions.

If Barthes invites, in the *Empire of Signs* (1982), a fissure of the symbolic, it is because he proposes an aperture to it or what he calls a fissure of that order. In other words, in the *Empire of Signs* (1982) we witness the irruption of the semiotic as the order that, in fact, fissures the symbolic. If I had suggested that the *Empire of Signs* is paradoxical (something with seemingly contradictory characteristics or phases), it is because it is paradox that characterizes the semiotic, the order that embodies the symbolic by demonstrating it opened by putting it in play. In other words, the semiotic paradox lies in the fact that it is an order that aspires to meaning, but to the extent in which it denies it by unsettling it from within. One can say that that contradiction (the cohabitation of the referent and its social production) is necessary to the extent the semiotic is a resistance to the symbolic, which ultimately operates as a denial of language. In other words, it is a contradiction called forth by the kind of agency that is necessary as a resistance to the symbolic. If the semiotic were to eliminate the contradiction recorded by the cohabitation of the referent and its social production, it would be neutralized as the fissure it is called to be.

The fissure of the symbolic, that is to say, the emergence of the semiotic, is, then, an expression of criticism of the coded nature of language. It is, in that very same way, a criticism of the institution of language. This is the becoming other of the aesthetic: an unstable place, as it were, not because there is no way to conceive art and the position of the artist, but because the semiotic furnishes and "inside" the aesthetic that, at the same time, unsettles and redistributes art's autonomy, a cortical resource for a theory of the post avant-garde.

The Post Avant-Garde Condition

Borges position as a writer is indicative of the position I have here called a post avant-garde, a position that is consistent with the kind of art discussed here and that pertains to it. If I have titled this section a post avant-garde condition, it is because it responds to a process rather than to a position itself. This is perhaps best understood as a position in process, similar to Kristeva's subject in trial, rather than an institutional or anti-institutional position as the artist has been normally understood.

With the concept of "orillas" developed by Beatriz Sarlo, one attains a concept that charts a position that is neither Latin American, European, thus properly national, nor cosmopolitan or international (Sarlo, 2001).

Sarlo's "orillas" refers to a redistribution, which turns itself into an undividable margin in the center. As such, Borges' position as an artist is much closer to a process in which his cosmopolitanism is rendered problematic because it is a redistribution, in and through the undecidable limit that used to separate the national and international spheres, of such limits. With Borges and Sarlo's contribution, the post avant-garde is much closer to what Bhabha calls the unhomely, or a position of an outsider within, rather than an outsider or a within (Bhabha, 1992). In either case, the position of the post avant-garde turns out to be the impossible frontier of Latin America and Europe, an instance of a process that is a redistribution of margins rather than a position inside a social universe or outside it, as it was with the Latin American avant-garde. The redistribution of the limits comprehend an internalization of the possibility of such limits, a fact that was rendered as such by Borge's immersion in the intraliterary and his use of philosophy and literary theory as part of his work.

Bhabha's unhomely refers to the recognition of the world in the home and the home in the world, or to use more familiar terms, it is an expression of the outside in the inside. As it is articulated by Bhabha and our rendition of Borges, the unhomely is the meeting within a border, what I have called before a process, whose effects is the "externality of the inward" as an anarchical reference to the other. I say process, once more, because the border of the unhomely is never and finally posited as a presence, but is the reactivation of the externality of the inward. By the same token, this is why I have called Borge's cosmopolitanism peculiar and why I have talked about the redefinition of the frontiers of Latin America and Europe: it is not a cosmopolitanism that underscore a new position, but the border existence that Bhabha has called the unhomely and Sarlo the "orillas".

By "border existence" I mean the unnamable moment in which inside and outside are redistributed by access to the limits that made them possible and separated without this being a moment in which such limits are rendered discreet and true. Rather, it is the moment in which one erupts into the other, the discreetness of both is questioned, and what is created is a conflictive relation, which cannot be properly called, say cosmopolitanism, since it is a process. It is a border, as the subject, which unsettles her and renders her paradoxical and ultimately unattainable to itself. This process had all kinds of implications for what turned out to be Borge's work. These implications manifest a conflictive relation to language, the literary canon, and reality itself. This is not to say that the post avant-garde artist, to the extent in which he or she is in conflict with himself/herself, will be directly reflected on his or her work as the conflict, which he or she turns out to be. On the contrary, it is to say that such an undecidable makes a problem of both to the extent in which neither is an original presence. This is noticeable in *Borges y Yo* and in *Ficciones* (1956).

Borges' work is eminently an intertextual endeavor that drew from Latin American and European sources, and recombined them in a new language, in a new conflictive relation to language, in which the presence of the author, through his work, is revealed as Alarzski (1990) has suggested, as absence. When Borges writes *Ficciones*, he does so to blur the boundaries there are between literary criticism and literary creation, as well as to undermine the world as a visible reality. His reference is not empirical reality, but what literary criticism has to say of fiction and literature. He is, thus, thinking the literary as he writes fiction in a way in which the canon is subverted and reality substituted. Reality is substituted since it is contained in the fictive, rather than in any absurd anchorage beyond language. This reveals a writer in conflict with the nature of language and that of reality whose identity is fissured as the nature of her language, but whose work does not directly represent him or her as an identity. Borges is thus not the total creator of magical realism, the author of the new of modernism or the non-allegorical writer of the avant-garde. He is, on the contrary, someone for whom language, contained as the literary, became the problem to such an extent that he questioned his presence as an author. At least, such a stance creates a rupture in Latin American literature that deconstructs the literary canon by problematizing it as a language. On the other hand, it reconfigures the institution of the artist by rendering him a paradox of languages at its limits. This is why I have said that the post avant-garde, since I draw on Borges' position as an artist, is a process rather than a position itself. It is, then, a process that turns around the unameability of the limits that used to make the artist a separate entity from its others.

If, for the modernists, the problem was to find a new language, for the avant-gardes was to find a negative configuration as the new in language; for Borges, it is to problematize the originality of language by recourse to the intertextual, while reading and re-writing the literary tradition to compromise the nature of fiction. It is not an invention plus the real, but the paradoxical expression of a linguistic rather than a real referent. If I have gone this far in a discussion of *Ficciones*, it is because its presence as a work is what underscores the conflictive process that the post avant-garde artist is. As a border existence, he is the paradoxical place of the referent (i.e. the work) and its linguistic nature (i.e. what literary theory had to say of it).

Let me stress that *Ficciones* is an expression of the problem present-ed by the unhomely because the work serves, in our rendition of this problematic, as the place of the inward and literary theory as the expression of what is external to it. As a work, *Ficciones* is thus the recording, as a linguistic texture, of the internality of the inward. On the other hand, in *Borges y Yo* this conflict is expressly written. By the sole title of the work (*Borges y Yo*), one foresees a divided identity: it is Borges and the other who cohabitate the texture of the text and the locus of identity that is made present in this piece. When one of them refers to itself, he does so by invoking the presence of other: "to the other, to Borges is that things occur…I live, and I let myself be lived so that Borges can plan his literature and that literature justifies me" (Borges, 1994).

Since it is Borges that writes, Borges is invoking the process by which the identity is divided in a conflictual fashion to the extent in which it disallows itself as full presence through the other. After all, this is *Borges and me*, a "me" that is lost in Borges and a Borges that maintains its name while he endures the presence of this other. It is literature, it is said by Borges, which justifies this other, not as other, but as language. "…Good things are nobodies', not even the other's but of language". This reveals that language contains the conflictual nature of identity since this is a language on language or a problematization of the author's presence. It is this conflictual relation that is lived by the writer that is the process of the post avant-garde artist as theorized here. Let us put it in other way. If there is no author, it is not because there is no identity, but because it is an identity that is lived as the conflict of languages (language and its discourse) or the border existence of the unhomely that is never finally posited, but is always in the making, or better yet, the unsettling of one language by another.

Conclusion

Within the European avant-gardes, art is doubly autonomous: 1) as a negative formulation; 2) as an European rendition of what art is meant to be. If this is the case, art has not breached the distance between life and itself, a condition that still renders the artist as a marginal instance of the social. What is still needed, if the project of the avant-garde is to be made good and expanded, is a criticism of the code of language and a representation that would redistribute the margin and the center, would be untimely with respect to life's practice and the motivation of the social. The alternative is not to, once more, pose a non-place (i.e. the negative) as the place of art and artists. The invoked position is a post avant-gardist rendition of art, because these operations entail a redistribution of the margins and the center, a position that is far from the avant-gardist autonomy, at the same time that art is furnished with a rethinking of its foundations (in their positive or negative formulations). These are projects that evidently come after the avant-garde.

The semiotic and the symbolic are pertinently theorized by Barthes and Kristeva, even if there are some differences in their formulations. Such a theorization speaks of a language and an aesthetics that traverse themselves as expressions of the symbolic, by an uprooting of the foundations of codified language and representation. That is, the pertinent path to follow to indict the bourgeois coded behavior, a step that has been distant from the agendas of the avant-garde. The formulation of the post avant-garde, bearing in mind Barthes and Kristeva's formulations, is to engage the aesthetic and the language as social production, and to reformulate its referent from within.

The event called art is paradoxical and exists as the pre-linguistic, but as a redistribution of the register of language. As such, it invites considerations of style, shock, and the unthought, but from the point of view of significance and sensations, rather than non-meaning or the fragments of the avant-garde. This is an art concept that draws upon the word sublime, but is much more than the Lyotardian negation of representation. Since Kristeva discovers a place that is posited "before" language, one is able to theorize the event as an overcoming of language, order, and the real, rather than just the discovery of the linguistic nature of the referent. To redistribute reality means to undertake it as an inter-textual surface at the same time in which it is undertaken through its foundations or the level that Barthes and Kristeva called the semiotic. This means that art's relation to language, as it is theorized here, is redistributive, it is a permutation of texts and a fall, as it were, to the foundations of language.

As Kristeva has suggested, art, which is then no other than a discourse on art, is renewed by the emergence of a self-acknowledged fiction, a subjective polytopia or relations of language within itself, but with an access to its outside, which breaks out from meaning and representation (Kristeva, 1984). Art as object is not a position within language, but rather a position "before" language and in language that nonetheless orients them to the place of their otherness. This makes art a fiction that displaces, pulverizes, and compromises its subject and object by inviting a discourse besides the real it was.

Puerto Rico ante los Estudios Culturales

La tradición universitaria iberoamericana hizo suya, a través del pensamiento técnico, el del bohemio y el del intelectual, proyectos de construcción nacional y ciudadana. Es ante ese precedente iberoamericano y su puertorriqueñización, además de, como lo llama Mowitt, su neoliberalización durante el presente siglo, que se pueden medir algunas de las implicaciones de la llegada de los Estudios Culturales a Puerto Rico.

Si esta reflexión se titula "Puerto Rico ante los Estudios Culturales" no es porque una llegada represente una confrontación, una nueva colonización o una transacción económica. El *ante* del título de mi reflexión está llamado a reconocer una presencia que, al menos, reconfigura los parámetros de la relación entre el ser y el otro de manera tal que ninguna de las dos presencias deben quedar intactas con su arribo. Es en ese espacio, un espacio que no es ajeno a los Estudios Culturales en Occidente, en que los Estudios Culturales en Puerto Rico se encuentran en la búsqueda de su identidad.

Ciertamente, al titular mis comentarios como lo he hecho, he suspendido la dialéctica de la asimilación o la afirmación nacional que está de moda en Puerto Rico. Esta suspensión dice que existe otra vía para el proyecto que invitara Juan Manuel García Passalacqua: el de reimaginar la nación (García Passalacqua, 2009). La vía es una que parte de una comprensión distinta del poder colonial (mejor, de los poderes coloniales) de la idea de la resistencia en relación con la ética que estamos llamados a practicar desde la descolonización y, finalmente, de los parámetros de la nacionalidad tal y como coexiste en el espacio difícil que sumerge, en toda su historicidad, las categorías de sujeto y objeto que son fundacionales a la concepción del poder colonial.

El asunto de los Estudios Culturales en Occidente discurre, entiendo, bajo contestaciones a dos preguntas cuyas implicaciones son imposibles de detallar todavía. La primera es la pregunta de ¿qué es pensar? y, la segunda, ¿qué es conocimiento? En Puerto Rico, esa nomenclatura que, ciertamente, debe en su momento descifrar la propia práctica del preguntar, está organizada por interrogantes sobre los preceptos tradicionales de nuestro pensamiento.

Los Estudios Culturales hacen posible replantear lo que está en juego en la discusión del estatus, en la naturaleza de la nacionalidad y en la economía como un ente de producción óntica. Si este es el caso, es porque con la llegada de los Estudios Culturales está en juego, de igual forma, la naturaleza de la ficción y del ente esgrimido por la industria cultural y las contraculturas.

Todas estas tematizaciones necesitan de una labor más extensa de la que es posible aquí. Repasemos, sin embargo, una lectura posible de la condición de la política a la luz de la llegada de los Estudios Culturales que, de todas formas, es elocuente para con las otras reflexiones que en Puerto Rico deben, sin duda, albergar. Estas, como he dicho, están presentes en el espacio difícil en el que el posestructuralismo sumerge las categorías fundacionales de la modernidad, fundamentos esenciales para, incluso, el Puerto Rico postmoderno que vivimos hoy. La lectura que propongo contempla, por un lado, la clausura de la política y, por otro, la necesidad de repensar sus parámetros desde lo político.

La necesidad de repensar los instrumentos y determinaciones de la política surge porque, con la discusión y la práctica del estatus y la nacionalidad (la política en Puerto Rico), los recursos y posibilidades de esta se han extinguido, han llegado a su fin. Si es cierto, como sostengo, que la política ha llegado a su fin, que sus recursos han encontrado su posibilidad última, se hace necesario buscar recursos del pensamiento y la práctica que planteen una salida a lo que, a todas luces, es la crisis del pensamiento puertorriqueño. El importe progresista de la Revolución Francesa y la Revolución de los Estados Unidos (que estaba contenida en la discusión de estatus), con la clausura de la política, ha terminado. Incluso, en la medida en que la clausura de la política ofrece una cara jerárquica y colonial, ofrece, de la misma manera, una carga negativa que es parte esencial de las disposiciones de ambos procesos históricos. Es decir, desde la discusión de estatus tal y como está estructurada hoy, no es posible vislumbrar la descolonización de Puerto Rico. Más bien, lo que podemos hacer es reconocer las experiencias límites de nuestra modernidad para volver a empezar, para pensar de nuevo.

Soy del parecer de que, bajo el régimen jurídico-político y de gobierno del ELA, se experimenta la posibilidad última de política: una comunidad dividida al exterior por una frontera, relación que retorna al ámbito de esa identidad para nombrarla y así diferenciarla de sus otros, una nomenclatura que, en el caso particular de Puerto Rico, contiene los límites propios de una relación jerárquica con los Estados Unidos. Por eso es que pienso que, por concepto del linaje histórico y nuestra herencia moderna, la experiencia máxima, la posibilidad última de la política, ha sido el Estado Libre Asociado y, con él, el coloniaje. Fuera de esos arreglos (coloniaje, soberanía, nacionalidad e historia), no hemos de lograr nada más, sino repetir los límites y el tipo de inteligibilidad que facultan a la política y que no pueden ser sino réplicas del coloniaje. Esta facultad, si bien ha empoderado a los puertorriqueños, lo hace única y exclusivamente hasta los límites que la política reconoce como suyos

¿Qué es el coloniaje sino la expresión máxima de una jerarquía? ¿Qué es el ELA sino la puesta en juego de un orden "nacional" de las cosas bajo los parámetros del federalismo? ¿Qué es, a su vez, nuestra modernidad, sino la puesta en práctica de una jerarquía colonial dentro de las delimitaciones de una comunidad que funciona exactamente igual a como funcionaría un ente verdaderamente soberano? Es en la categoría de lo político, una reflexión para un "tercer espacio", que existen renovadas posibilidades para el pensamiento puertorriqueño y su diáspora, para la descolonización y la superación de las posibilidades del coloniaje. Si la política está clausurada, si no existen alternativas dentro de esta e, incluso, las que se pueden vislumbrar no resultan descolonizadoras, es porque, hasta el momento, la discusión del estatus ha estado ajena de los valores políticos, conceptuales e históricos que traen a colación el estudio del poder moderno (un poder que es mucho más y mucho menos que un mero cómplice de las determinaciones negativas del coloniaje).

Si en algún momento la autoridad de Dios fue cuestionada por la facultad de la razón, ante la clausura de la política y la reflexión sobre lo político, vivimos el cuestionamiento de esta facultad. Estamos, así, frente al cuestionamiento de los parámetros históricos que establece el racionalismo en el seno del pensamiento y la acción puertorriqueña. Lejos de proponer una nueva formulación de cualquiera de las tres fórmulas de estatus, un mecanismo procesal o adelantar alguna teoría sobre la histórica discusión, mis planteamientos son básicamente cuatro.

Primero, que la política, como la hablamos y la practicamos (coloniaje, soberanía, nacionalidad e historia), ha llegado a su fin. Segundo, que en el Estado Libre Asociado hemos llegado al límite insuperable de la política. Tercero, que la condición colonial de Puerto Rico presenta un límite similar porque el coloniaje es la limitación última de la política (así como el de la modernidad es el totalitarismo). Cuarto, que en lo político, como el acceso a las reglas que condicionan y hacen inteligible a la política, yace una salida a esta crisis del pensamiento puertorriqueño. En definitiva, la era de la política en Puerto Rico muestra su límite más extremo, su modernidad más avanzada, en el momento en que la relación entre el sujeto y el objeto de la política oscilan entre la asimilación y la diferencia, un matiz que, sin duda y exclusivamente, permite una jerarquía entre esos polos. Esa relación es la que llamamos contemporáneamente coloniaje, una relación que no cesaría su funcionamiento con la independencia, ni con la estadidad o el Estado Libre Asociado mejorado.

En tanto que experiencia, las tres fórmulas de estatus funcionan de acuerdo a las mismas reglas de formación epistémica. Las posibilidades históricas de estas se desprenden de la genealogía del poder y de cambios epistémicos para allá para el siglo XIV. En pocas palabras, lo político implica una serie de arreglos que ofrecen inteligibilidad a un ámbito nacional mediante el designio de una serie de esencias que, al retornar al sujeto que las posee, lo diferencia de sus otros mediante una analítica de finitud. Históricamente, estos arreglos se hicieron posible con relaciones que se desataron desde el propio "descubrimiento" de Puerto Rico. Durante la era de la política, esta delimitación tomó un matiz universal en la experiencia. Esta tendencia es igual para las tres fórmulas de estatus, aunque se pueden identificar diferencias obvias. La estadidad y el estadolibrismo proponen una nación que divide al poder entre un gobierno federal y uno estatal. La independencia, por su parte, propone una nación soberana de la misma manera en que se ha organizado el poder metropolitano, al tiempo que divide en su exterior a esa comunidad mediante la institución de la soberanía. Sin embargo, bajo el Estado Libre Asociado hemos vivido los límites de la política en su extremo máximo. El ELA es un conglomerado de características de la independencia y de la estadidad bajo otro tipo de arreglo de gobierno, pero que, en sí, comprende los límites que también demarcan a las otras dos fórmulas de estatus. Por eso, el Estado Libre Asociado es el límite insuperable de nuestra modernidad, porque bajo él hemos consumido las posibilidades que existían para con el coloniaje, la soberanía, la nacionalidad y la historia, es decir, los recursos de la política.

Si bien es cierto que la condición actual de la política en Puerto Rico da al traste con sus propios objetivos históricos, es porque de igual forma es previsible el final del tipo de experiencia bajo la cual hemos organizado el país desde los albores de los siglos XIV y XV: la experiencia como una instancia metafísica y universal. Por eso, es necesario decir que la discusión de estatus no tiene recursos para resolver el problema colonial. Es, entonces, a los fundamentos de ambos, las relaciones que hacen posible la universalidad y la metafísica, que nos lleva el acceso a lo político.

Lo político es el ámbito que hace la política inteligible en primera instancia. Para que exista la política, ha tenido que existir una dimensión del pensamiento que fundamenta la primera, además de una distancia entre esa dimensión y la práctica de nuestro pensamiento. Se trata de una distancia que, si bien queda descubierta en el trabajo de Jean Luc Nancy y Phillipe Lacoue Labarthe (1997), en nuestro país brilla por su ausencia (es lo que se conoce como la infraestructura del pensamiento y la acción). En Puerto Rico, esa posibilidad se fragua dentro de la discusión de estatus y de la nacionalidad, pero su genealogía es tan extensa como el propio "Descubrimiento". Al descubrir la existencia de la metafísica, debemos dejar de pensar que la soberanía es la solución al mal del coloniaje. La soberanía es el producto principal y el problema, hasta ahora metafísico, que contienen nuestras dos discusiones históricas.

El descubrimiento de lo político no es otra cosa que un acceso a los elementos institucionales que hacen posible a la política. En otras palabras, las prácticas que conocemos como la política –la asignación de esencias– tienen un fundamento institucional del que dependen para existir. Lo político, precisamente, habla de la inteligibilidad de la identidad y del ente comunitario que la nombra. Por eso, mi reflexión no es una disputa sobre una nueva reprogramación de la política desde la óptica de lo político, sino que es una problematización de la discusión de estatus mediante un acceso a sus fundamentos.

En Puerto Rico, la lucha por la igualdad ha sido básicamente ganada dentro de los parámetros jurídicos del Estado Libre Asociado. El asunto en el presente siglo radica, primero, en cómo organizar la diversidad de la historia colonial del país y de la diáspora y, segundo, cómo modificar el tipo de poder que, incluso, dentro de esa igualdad, vulnera el devenir histórico de Puerto Rico. Ante la clausura de la política y la reflexión sobre lo político que le acompaña, llega el momento de repensar los contornos mismos de la nación estado, de su ética y de sus vínculos sociales.

Historia y cine: una comprensión posnacional del presente[20]

Aunque parezca contradictorio, el comienzo de una reflexión sobre el presente debe comenzar con un grado considerable de incertidumbre o duda sobre la misma categoría del presente. La razón para comenzar así no implica que el presente no exista ni, mucho menos, que haya perecido ante tecnologías como el cine, la televisión o el DVD, o, incluso, que haya perecido bajo el manto del simulacro del capitalismo tardío. Después de todo, mi reflexión nos lleva a considerar el presente desde lo que el cine en realidad puede decir de la historia y del presente mismo.

No asumo que el presente gire descontroladamente sobre sí mismo, aunque, de un tiempo para acá, y ante el desarrollo de los medios modernos de comunicación, es necesario entender una relación peculiar con el pasado que rompe con las concepciones tradicionales de la historia y del presente. En ese sentido es que usaré los conceptos de lo *virtual* y lo *posnacional*.

Entre lo *virtual* y lo *posnacional* es que se cierne gran parte de las relaciones que se desatan al unir los términos "historia", "cine" y "presente", sobre todo, cuando intentamos una comprensión de este último. Esa es, como he sugerido desde el título de esta reflexión, una de las tareas principales de esta deliberación. La otra es, como quedará más claro a continuación, justificar la forma y manera de intervenir críticamente en el presente, por compleja que sea su transformación. Para decirlo en pocas palabras, la intervención crítica en el presente virtual y posnacional, mediatizado y postmoderno, de principios del siglo XXI, tiene que darse

---

[20] Una versión de este ensayo fue presentada en *Diálogos Universitarios*, ciclo de conferencias del Decanato de Educación General de la Universidad del Turabo y de la Fundación Puertorriqueña de las Humanidades, el 12 de marzo de 2014.

desde adentro de la cultura, en vez desde un exterior ideal. Como consecuencia de la mecanización, la erosión de las fronteras de la alta y baja cultura y la prevalencia de las formas de la publicidad, entre otros discursos desde la cultura, ese espacio exterior ha dejado de existir. De ahí que una de las principales tareas del pensamiento crítico a principios del siglo XXI sea entenderse con esta condición y necesidad.

En términos específicos, elaboraré el siguiente planteamiento: lo que tiene que decir el cine de la historia es que esta se ha desvinculado del presente como mecanismo causal y que, dentro de los parámetros de lo posnacional, esta existe en el interior de las tecnologías de comunicación. De esa manera, el presente no ha dejado de existir, pero su naturaleza ha cambiado radicalmente para ser posnacional, en contenido, y virtual, en orientación. Esto significa que lo real histórico existe, como existe el presente, en una suerte de combinación entre la ficción del cine y la televisión y la realidad como tal. En otras palabras, la realidad existe como una representación, por lo que esta se ha transformado en lo que muchos tienen a bien llamar postmodernidad. Entonces, comprender el presente en nuestros días, es entender la naturaleza de lo virtual y los contornos de lo posnacional.

Si mis planteamientos son correctos, es necesario encontrar una forma de pedagogía de la imagen que permita conducirnos dentro de un presente virtualizado y, a la vez, un tipo de intervención crítica que, más allá de revolver el presente, sea capaz de entenderlo como una instancia independiente del pasado.

En resumidas cuentas, he sugerido lo siguiente: de un tiempo para acá, con el advenimiento del cine y de otras tecnologías de comunicación, es decir, hacia los inicios del siglo XX, la propia idea del presente ha sufrido una importante mutación. Esta mutación, sin lugar a dudas, es una que nos obliga a cuestionarnos la forma y manera en que el presente está relacionado con el pasado.

Con el pasado invocamos a la naturaleza de la historia (y, así, de la memoria, que no es otra cosa que la facultad para activar ese pasado). De ahí que sea necesario partir de la pregunta "¿dónde radica el presente?" teniendo en cuenta su relación con el cine y otras tecnologías similares. De igual manera, debido a la globalización y al fin de la Guerra Fría, los contornos de esa virtualidad existen como una realidad posnacional, más que nacional *per se*. Ante esta mutación del presente, es necesario replantearse las necesidades del pensamiento crítico sin perder de vista que las exigencias que se ciernen sobre éste, a causa del contexto que lo delimita, son distintas hoy a lo que fueron durante el siglo XX.

Para especificar la naturaleza de un momento desrealizado (que parte de premisas imaginarias, más que reales) y destemporalizado (que parte de premisas subjetivas, en vez de unas objetivas), es necesario hacer una cualificación sobre el presente. Si bien esta cualificación complica nuestro entendimiento, es una forma de ser rigurosamente fiel con el presente que intento descifrar con esta reflexión. Me refiero a una instancia que considera al presente como un ahora múltiple. El mejor de estos ejemplos es la propia estructura de *Cien años de soledad* de Gabriel García Márquez.

El momento desrealizado y destemporalizado de la postmodernidad

En *Cien años de soledad* (2009) se advierte una concepción plural del presente. Es decir, como plantea Emir Rodríguez Monegal (1968), García Márquez descubrió que el presente se encuentra en diferentes ahoras. Esta concepción del presente no es ajena al cine ni a las tecnologías audiovisuales del momento actual.

Desde el prisma de los cinemas nacionales y las varias categorizaciones de los cinemas mundiales, se advierte un hecho similar al descubrimiento que hiciera García Márquez en *Cien años de soledad* en el mundo audiovisual. El presente, desde el punto de vista del cine, existe, de la misma forma en que se manifiesta, en *Cien años de soledad*, en diferentes ahoras. No hay que ir muy lejos para darse cuenta de que el cine de Bollywood, el de Nollywood y el de Hollywood, por ejemplo, representan diferentes ahoras que, si bien demarcan una condición plural del presente cinematográfico, demarcan, a la misma vez y en sí mismos, una condición histórica distinta a la que estamos acostumbrados a adscribirle a la Historia como fenómeno social. Sin embargo, como he ido sugiriendo, el valor de las tecnologías audiovisuales como el cine guarda una reconfiguración del presente y de la historia algo más profundo de lo que es la fragmentación del presente en diferentes ahoras. Para Anne Friedberg (1993), esa reconfiguración está relacionada con la alteración de nuestra relación con el tiempo y el espacio en lo que se ha llamado la condición postmoderna. Si este hecho, literario en García Márquez y cinematográfico en el cine, se relaciona con un replanteamiento de nuestra relación con el tiempo (es decir, con la historia), es porque el desarrollo del cine y otras tecnologías audiovisuales, según sostiene Anne Friedberg (1993), resultó en una ruptura epistemológica con el pasado, mucho más profunda que la creación de un estilo. De igual manera, porque el cine tiene un impacto en nuestra forma de acceder a la historia, este acceso es hoy virtual, es decir, es el objeto de una representación. Para Friedberg (1993), esa ruptura es la que amerita la distinción moderna/postmoderna que otros teóricos también han defendido. Por ejemplo, Friedric Jameson (1990) y Jean Francois Lyotard (1984).

Para Jameson y para Lyotard, la postmodernidad es un momento en donde se vive un presente perpetuo y un presente que ha perdido la conexión causal con el pasado. Friedberg (1978) no está en desacuerdo con la mayor parte de los planteamientos de Jameson (1990) ni de Lyotard (1984). Sin embargo, la relación del sujeto postmoderno, más que estar perdido en un presente perpetuo, está dada, según Friedberg, por la virtualidad. Su relación con el tiempo, y, con ella, a la multiplicidad de ahoras que habita, es decir, al espacio, es de naturaleza virtual: está mediada por los aparatos comunicacionales que tienen todavía al cine como ejemplo principal. En otras palabras, nuestra experiencia del tiempo y del espacio, pero, más bien, nuestra relación con la historia, no es independiente de tecnologías como el cine que, de manera fundamental, representan el pasado para nosotros. Como había mencionado antes, los asuntos históricos que pueden dilucidarse con relación a los cambios entre la modernidad y la postmodernidad, no implican que el presente haya desaparecido. En cambio, ello sí implica que su naturaleza ha cambiado: hoy, debido a la existencia de los efectos de tecnologías como el cine y la televisión, nuestra relación con el tiempo y el espacio es virtual en vez de referencial.

Una de las grandes contribuciones de Friedberg (1993) y que, incluso, se diferencia y añade a la teorización del postmodernismo de Jameson (1990), es el hecho de entender que el presente está configurado por una relación que ya no tiene origen en el pasado como un exterior causal de otras dimensiones de la experiencia humana porque existe dentro de las tecnologías audiovisuales que están a nuestra disposición. Para decirlo en pocas palabras, a la pluralidad del presente que se advierte en *Cien años de soledad*, el cine le añade la cualidad de *virtual* por la forma y manera que somete la realidad a la producción mecánica. Para Friedberg, esta naturaleza está "destemporalizada" y "desrealizada", lo que no es otra cosa que decir que existe plenamente dentro del marco de referencia de lo virtual. Para ser más concretos, tenemos que decir que la memoria histórica y nuestra relación con el pasado están dadas dentro de las pantallas de cine y de televisión, más que fuera de estas. Puesto en otras palabras, el presente se configura por el mundo del cine, los parámetros de su lenguaje y la voluntad de quienes lo manejan (espectadores, directores, cinematógrafos, corporaciones, entre otros). El inicio de la postmodernidad sugiere, entonces, una ruptura gradual con las coordenadas de tiempo y espacio de la modernidad.

Ya el tren, el centro comercial y el avión habían promovido una transformación moderna de las coordenadas espacio-temporales de la realidad. El tiempo y el espacio se comprimían de acuerdo a los parámetros de estas nuevas tecnologías. Con la fotografía, el cine y la televisión se logra una ruptura ulterior a esa conformación del tiempo y del espacio. Los viajes en avión, por ejemplo, son sustituidos por los viajes imaginarios que el cine permite. Ese viaje imaginario no tiene unas coordenadas en lo real, pero sí tiene efectos reales. El cine hace posible que el pasado, de la misma forma en que está disponible una película o un documental televisivo, sea legible desde dentro de las representaciones a los que este sujeta la realidad. En Friedberg, este análisis se concretiza mediante la metáfora del *flaneur*.

El *flaneur* era el sujeto que vagabundeaba por la ciudad y su referente era el de la realidad como tal. Hoy día, el *flaneur*, según Friedberg, se sienta en el cine y elige los viajes, los lugares, los tiempos, los espacios y las proximidades a donde quiere ir. Por eso es que desde Friedberg (1993) se distingue un presente que es virtual: el sujeto postmoderno se nutre de una creciente incapacidad de aprehender el pasado y el presente fuera de las elecciones que están a su haber a través del cine y la televisión. Tanto el tiempo como el espacio están sujetos a una cualidad imaginaria que, aunque no menos real, guarda una transformación del presente. Si, como sugiere Friedberg, la "desrealización" y la "destemporalización" del presente son parte esencial del siglo XX, del final y del principio del siglo XXI, la realidad de la globalización nos remite a un momento posnacional. Es, entonces, entre lo posnacional y lo virtual, dentro del itinerario de los diferentes ahoras de *Cien años de soledad*, que se hace posible comprender el presente.

El momento posnacional

Gran parte del valor teórico del momento posnacional viene de la mano de la globalización de las formas y maneras de Occidente. La globalización, para ser breve, es un momento en el desarrollo de la historia de Occidente en el que la democracia liberal, el mercado, el turismo y la soberanía se convierten en el parámetro del mundo. En otras palabras, la globalización es un momento histórico en el que se mezclan los códigos culturales e institucionales de Occidente con los de otras partes del mundo. Aunque así lo parezca, ni la globalización ni el posnacionalismo representan el fin de la nación estado, aunque sí contienen cambios en la forma y manera en que esta se constituye.

Si los referentes de la nación han sido los símbolos, la historia y la geografía de una comunidad autónoma, hoy, esos símbolos se mezclan con las culturas, las formas y las maneras de Occidente. Por eso, la globalización, aunque establecerlo así parezca una contradicción, no subvierte la nación, aunque definitivamente le exige un entendimiento distinto de sí misma. Lo que sí hace la globalización es intensificar los límites de la nación, unos límites que deberán conformarse en base a una cultura híbrida. Ya la comunidad homogénea de la nación estado comienza a ser una cosa del pasado, aunque no advenimos, con las culturas híbridas, a una cultura sin problemas, desigualdades y sin poderes que la estructuren. Por eso, la categoría de la nación está todavía vigente, incluso en Puerto Rico, en donde se da una lucha, todavía, por la definición de la nación.

En un país que, a juicio de muchos, no ha logrado su definición nacional, el posnacionalismo parecería carecer de coherencia. ¿Cómo plantear un momento posterior a la nacionalidad cuando esta no ha tenido la oportunidad de florecer? Este asunto queda resuelto porque, como he planteado, el momento posnacional no elimina la nación ni la comunidad que la conforma. Lo que sí hace es establecer nuevas exigencias a las culturas que define. Para Alexie Tcheuyap (2011), el concepto del posnacionalismo representa un momento ulterior al nacionalismo comprometido de la modernidad. Para él, incluso, el posnacionalismo, desde el cinema, elimina todas las formas de cine comprometido, la búsqueda de esencias nacionales y abre un paradigma que incorpora nuevas formas culturales. Estas formas son, esencialmente, la hibridez de la cultura, una condición que es entendible desde el trabajo de Ella Shohat y Robert Stam (1994).

Dentro del itinerario crítico de Shohat y Stam (1994), el multiculturalismo o la forma de la hibridez, como la llama Stuart Hall (1995), representa, por un lado, una conversación con el poder eurocéntrico y, por otro, una estética de la hibridez. Claro, la primera parte conversa con la segunda de manera tal que la conversación con el poder eurocéntrico provee el espacio para una posición de enunciación que el primero hace imposible. El eurocentrismo, fuera de toda duda, incluso dentro de sus coordenadas poscoloniales, estructuralmente impide la enunciación de la hibridez que, desde la periferia, según sostienen Shohat y Stam (1994), se reclama. Es, entonces, al amparo del cuestionamiento del eurocentrismo que se hace posible formular una posición de enunciación distinta a la de Europa. Aunque Canclini (1993) entiende que en el posnacionalismo existe una dificultad de representar la heterogeneidad multicultural, observemos los parámetros de la estética policéntrica de Shohat y Stam (1994), para aquilatar sus posibilidades.

Shohat y Stam parten, como he indicado, de una crítica al eurocentrismo y su globalización. La globalización, dentro de las lógicas del siglo XXI, no es diferente a la generalización del eurocentrismo en su forma, su contenido y sus instituciones. El eurocentrismo representa al Occidente como voz única en los procesos sociales y políticos del mundo. Todos los países deben referirse a esa institución y a esa forma lineal de desarrollo. Ya había en el orientalismo, según Said (1979), una forma de referirse y actuar al Oriente desde el punto de vista de Occidente. De esa manera, la globalización es un proceso mediante el cual se pretende establecer una cultura única en el mundo (la cultura de Occidente). El multiculturalismo representa, así, en primera instancia, una perspectiva democratizante que sostiene una igualdad radical entre las personas que forman el mundo. Propone un descentramiento de la perspectiva de Occidente para acomodar una visión policéntrica del mundo. La idea no es hacer de muchos uno, sino tomar en consideración la multivocalidad del mundo para cultivar la diferencia como el estándar de la cultura.

El policentrismo, de acuerdo a Shohat y Stam, representa una posición de enunciación distinta a la univocalidad del eurocentrismo. Para ellos, el policentrismo, precisamente, representa la posibilidad de contener la realidad multivocal del mundo cuando este es concebido más allá de la univocalidad del presente. Representa, pues, el policentrismo una multiplicidad de tiempos, maneras y formas del mundo en su diversidad. Se entiende desde el policentrismo que el mundo no está necesariamente destinado a moverse en una línea recta o de un momento premoderno a uno postmoderno. En él coexisten lo premoderno, lo moderno y lo postmoderno de forma tal que la experiencia del tiempo mismo es distinta a sus coordenadas dentro de la lógica eurocéntrica.

El policentrismo está específicamente comprendido por lo que Shohat y Stam llaman una "estética de la basura". La "estética de la basura" es un concepto que está inspirado en la idea de lo carnavalesco de Bakhtin (1981). Dentro de esta estética, las fronteras de la alta y la baja cultura se han erosionado, al tiempo que impera una actitud irónica en cuanto al canon establecido. Esta es una estética de lo asimétrico y lo heterogéneo. Si bien es necesario, en su momento, entender lo que exista de resistencia, posicionamiento y valor crítico en la "estética de la basura", este es un concepto que contiene la posibilidad de darle cabida al momento multicultural al que advenimos una vez se establece la crítica del eurocentrismo. Entonces, la noción principal de esta proposición de Shohat y Stam es la que sugiere que todas las comunidades son iguales y que no existe razón para privilegiar una sobre otra, ni política ni epistemológicamente. La idea es que, desde esta "horizontalización" de las cosas, la perspectiva del otro o de lo otro sea reconocida como una posibilidad real y como una parte importante de la agencialidad de los seres humanos.

No cabe duda, pues, que, en su acepción tradicional, el posnacionalismo tiene un componente reactivo. Este amenaza al componente político que es parte de la idea de la identidad nacional y amenaza, también, la posibilidad misma del cinema de oposición (que fue parte de las agendas de las vanguardias y de los paradigmas modernos del ejercicio de la política). Sin embargo, en el mundo contemporáneo se palpan lógicas, incluso, desde la fragmentación, que necesitan ser planteadas de una forma más amplia de lo que nos hemos permitido hasta el momento, precisamente, por los parámetros de la nacionalidad y cómo han sido definidos tradicionalmente.

Entonces, mi propuesta está fundamentada en dos concepciones del posnacionalismo que, en primer lugar, hacen referencia a un contexto socio-histórico que plantea retos para la nación estado como tradicionalmente se ha concebido y, en segundo lugar, plantea la existencia de una voz alternativa a la voz eurocéntrica de Occidente. Existen, además, dos formas de plantearse el concepto posnacional como tal. En primer lugar, y esta formulación está directamente relacionada al contexto y a la voz a la que hago referencia, el posnacionalismo está vinculado con la hibridez poscolonial y postmoderna de principios del siglo XXI que se asocia a la globalización. Por otro, y ese es el uso que propongo, el posnacionalismo es un modo de cuestionamiento de las formas de la postmodernidad y la poscolonialidad. Es decir, es una postura crítica con respecto a la hibridez y al momento multicultural que impulsa. Por ello, es posible entender el posnacionalismo como un posicionamiento crítico ante las fuerzas globalizantes e individualizantes de la globalización.

El posnacionalismo, como se concibe aquí, plantea un cuestionamiento de las fronteras y los límites que existen dentro del mundo multicultural, poscolonial y postmoderno actual. En otras palabras, el posnacionalismo plantea la irresolución desde adentro de la identidad nacional y posnacional. Plantea, así, la formación de un objeto distinto para el cine al reapropiar el concepto "posnacional" que ahora está de moda en el mundo postmoderno. No pretendo argumentar en contra de la existencia de unas lógicas que distingan al mundo contemporáneo y que se clasifiquen con parámetros distintos a los nacionales. La clave está en que, incluso, en su manifestación policéntrica, como le llaman Shohat y Stam (1994), el posnacionalismo radica en las propias lógicas que está llamado a combatir. Radica, así, en la individualización y la totalización del poder moderno.

Definitivamente luego de reconceptualizar una posible comprensión del presente, mediante las tecnologías audiovisuales que le son propias, todavía es necesario teorizar el espacio, el lugar, a través del cual debe proceder su crítica. De esa manera, podremos conceptuar mejor la recepción, por así decirlo, del presente en tiempos postmodernos. Sin embargo, al momento es necesario reconocer un cambio en la nomenclatura del presente y sus formas tradicionales (este ya es virtual y posnacional) aunque haya que cualificar esta última condición.

Miedo, crítica y subversión: el discurso contemporáneo de la política

En la medida en que el discurso de la política articula un centro, propende a dos lógicas que matizan y sobrecogen el uso del miedo como estrategia electoral: primero, la pérdida del sustento maternal y, segundo, la pérdida del padre.[21] La función del padre en el psicoanálisis de Lacan es lo que marca el tránsito del estado de lo imaginario hacia el de lo simbólico. Por así decirlo, es lo que mueve la vida en la apariencia hacia la vida en el lenguaje. En lo simbólico, el padre mantiene una función centralizante de ese orden, y es lo que lo ancla como parámetro. En otras palabras, el padre crea un centro y un orden, incluso, en el ámbito de lo simbólico. Es, precisamente, la región de la castración, en tanto que significante de lo real, lo cual es lo mismo que decir que la función del padre, para Lacan, es lo que provee de centro al sujeto, aunque se trata de un centro que este no puede ser u obtener. Cuando el sujeto se encuentra a sí mismo en el lenguaje, es porque ha ocupado la imposibilidad de la posición del padre. El sujeto habita lo simbólico cuando vive la castración o, según planteado, es, en sí mismo, la imposibilidad de la posición del padre.

No pretendo presentar una acusación sobre la condición actual de Puerto Rico, sino presentar un planteamiento sobre el funcionamiento del discurso de la política. Si este planteamiento resultase cómplice con alguna idea sobre Puerto Rico, no es porque puede hacerse contemporáneamente una distinción clara entre izquierdas y derechas en lo que respecta al discurso de la política. El discurso de la política organiza el espectro político en general y el miedo es parte esencial de las campañas electorales de izquierdas y derechas.

---

[21] Para un tratamiento de la función del padre y su relación con la subjetividad, ver Lacan (1998).

Es común, hoy día, recurrir a la idea de la pérdida de la nacionalidad, la pérdida del sustento federal y la pérdida de la calidad de vida ante un horizonte de cambio, incluso, el del cambio estrictamente electoral. El asunto, el del uso del miedo y su relación con la política, entonces, debemos entenderlo, no por la maldad de unos pocos, sino por la procedencia institucional común de izquierdas y derechas. La procedencia común es la proclividad a un centro en donde toda acción, tiempo y espacio queden ordenados lógicamente. Para movernos de este acondicionamiento estructural, es necesario entrar a considerar la categoría analítica del discurso y su relación con lo político. En esa misma medida es que habrá un contradiscurso en los ámbitos de la cultura y en los de sus respectivas prácticas en el Caribe contemporáneo. Habrá, de igual forma, preguntas distintas que motiven nuestro pensamiento a formas noveles porque el asunto del miedo, como estrategia electoral, lo que nos lleva es a replantearnos la pregunta de la política, así como las preguntas que le hacemos a esta, en vez de sanearla como ya existe.

El miedo electoral es moneda común en el espectro político. Ahora bien, la novedad de mi planteamiento radica en que este uso no es solo de las derechas, sino también de las izquierdas. Es la pérdida de un centro, la pérdida del padre, lo que con su matiz edípico estructura las izquierdas y las derechas. Si por un lado es la nacionalidad, por el otro, es la calidad de vida o el sustento del gobierno de los Estados Unidos. No hay duda de que Puerto Rico enfrenta la posibilidad real de la asimilación, sobre todo, ante la posibilidad de la estadidad federada. No hay duda, tampoco, de que la nacionalidad en la Latinoamérica independiente y soberana enfrenta el imperialismo cultural a través de otros medios y mecanismos. Entonces, ¿cómo explicar esta extraña coincidencia entre la soberanía y el colonialismo? Lo que explica a ambos sistemas es que los dos funcionan sobre la base de un centro a la hora de articular la política. Es decir, en la medida en que el coloniaje funciona sobre la base de una metrópolis, la soberanía está sujeta a la misma lógica, aunque tenga otros recursos políticos a su haber. Es por eso que sostengo que el asunto del miedo y su subversión están un tanto más allá de las propias posibilidades de la política, aunque se consideren una necesidad dentro del ámbito de lo político.[22] De hecho, el asunto del miedo y su subversión se encuentran, también, por encima de las posibilidades de izquierdas y derechas. Yacen, en cambio, en el cuestionamiento de los fundamentos de la política, una alternativa que está sobre las posibilidades de un bando y de otro. Por eso, la función del intelectual contemporáneo es la de acceder, mediante la lectura y la escritura, a los fundamentos de los sistemas de pensamiento, en este caso, los de la política. Esta posibilidad está diáfanamente comprometida con la superación del padre como institución y principio organizativo de la política.

Decir que la figura del padre ha de ser superada es decir, de igual manera, que su autoridad como centro de toda acción, espacio y tiempo debe ser subvertida claramente. De otra forma, la causa, si es que vamos a utilizar ese lenguaje, de la estrategia y la posibilidad del miedo electoral continuarán como parte esencial de la vida en Latinoamérica. Las cosas, como sostengo, habrían de cambiar, si es que accedemos a los fundamentos de la política. Es en ello que yace la posibilidad última del debate postmoderno en nuestros países y es en ello que se cifra la posibilidad última de la crítica. Claro, si nuestro interés se cierne estrictamente dentro del marco electoral, muy poco se podría aportar a nuestra contemporaneidad. Es necesario aclarar que el miedo, *per se*, continuará siendo parte de la experiencia humana. Sin embargo, el miedo que en Puerto Rico se cifra sobre la posibilidad del cambio, habría que planteárselo por encima de las posibilidades del padre cuya centralidad interna y externa condiciona la experiencia electoral. La posibilidad es mucho más y mucho menos que el saneamiento electoral. Resulta en la profundización de la crisis del pensamiento latinoamericano al nivel de su propia motivación y de la posibilidad de dotarlo, finalmente, con elementos que prometan una clara diferencia por encima de las posibilidades del padre (de un centro excluyente y normalizante).

Los fundamentos de la política y los linderos del padre responden claramente a los preceptos que definió Foucault como los del hombre. Es mediante estos principios que se estructura la institución del orden interno

---

[22] Nancy y Labarthe hacen una distinción fundamental entre lo político y la política. Para ellos, la era de la política está dada por el ejercicio de asignación de esencias. Lo político, por el contrario, se entiende con la práctica de esa asignación, por lo que es un análisis de sus fundamentos. Ver, Nancy & Lacoue Labarthe (1997).

y externo en nuestros países.[23] La figura del padre, ese centro que organiza lógicamente el universo discursivo de la política, es el que provee los pivotes de los órdenes nacionales e internacionales. En ambos casos, es el padre quien designa y quien crea sentido. Si las derechas y las izquierdas son herederas, ambas, de este orden, es porque son hijas de la modernidad, y esta es la que determina sus últimas posibilidades políticas. Aunque la experiencia revolucionaria en el continente trató de desvincular el imperialismo, aunque las derechas han tratado de articular proyectos de desarrollo independiente, sigue siendo la figura imperial la que sostiene el norte en las naciones caribeñas y latinoamericanas. Ambos movimientos han sido igualmente inefectivos en cuanto a la superación del padre. Cuando no, han sido cómplices con su reproducción.

Entonces, el giro conceptual y político de mi planteamiento tiene que verse dentro de los límites que el posestructuralismo establece en la obra de Lacan y la de Deleuze. Es decir, en las tangencias que existen en uno y el otro. Lo político resulta simbólico, lingüístico, significante y, definitivamente, crucial para el diálogo que debe existir entre las agendas intelectuales europeas y latinoamericanas a principio del siglo XXI y a la hora de redefinir el vínculo social interno y externo. De otra manera, nuestra acción y nuestras preguntas estarán destinadas a matices institucionales ya existentes y a procesos, entre los que está el uso del miedo, que conducen a un pobre aprovechamiento de la experiencia democrática.

¿Cuáles son los fundamentos del discurso de la política que deben ser captados por la crítica en momentos en donde se disputa en Puerto Rico, como en los otros países latinoamericanos, la posibilidad del cambio? En otras palabras, si es que ese es nuestro interés, ¿cuál es la posibilidad última de la política y su relación al poder moderno, un poder que organiza directamente las democracias latinoamericanas y los llamados nuevos experimentos de la izquierda?

Los indicadores de la diferencia se harán disponibles cuando entendamos la naturaleza institucional de la política como lo que es, un lenguaje sobre otro lenguaje, cuando entendamos la naturaleza histórica y social de la soberanía y cuando nos demos cuenta de que la

---

[23] En las relaciones internacionales en los Estados Unidos se discute la articulación de la soberanía como un hecho social en vez de como un asunto metafísico o transhistórico. Ver, Campbell (1987), Ashley (1998) y Bartelson (1995).

nacionalidad, incluso, responde hoy a lógicas de su propia hechura, que propenden al manejo y uso del poder moderno y a la reproducción de los poderes imperiales. De igual forma, y de ahí mi argumento, habrá contradiscurso cuando asumamos, sin miedo, las transformaciones de lo político al costo de la política. Fuera de estos cambios, no existen muchas otras alternativas para la crítica, aunque, claro está, como en ocasiones pasa en Puerto Rico, siempre existirá la posibilidad de darle la espalda a la historia y a su propia transfiguración. Cuando el padre, como centro de la política, quede superado, el destino de la crítica y la vida democrática del continente se auscultarán a través de preguntas que propendan de esa condición.

Para ser más específicos ante una reflexión sobre el padre, la política y lo político, es necesario subrayar un cambio de énfasis. En primera instancia, mi reflexión exige plantearnos el asunto electoral por encima de las lógicas estrictamente modernas. Por ejemplo, al plantearnos la superación del padre, nuestra reflexión sobre la política debe llevarnos a indagar los procesos mediante los cuales esta funciona, en vez de continuar con nuestra búsqueda febril de cómo hacerla mejor. Evidentemente, lo que está en juego es la posibilidad de la crítica, y no un nuevo paquete de soluciones. ¿Qué tipo de experiencia puede construirse desde la óptica del descentramiento de la política? ¿Qué tipo de experiencia puede construirse mediante la discontinuidad para con la política? ¿Qué tipo de orden institucional es el de lo político? Reconozco que el acceso a lo político tiene el potencial de llevar nuestro pensamiento a lugares que no son comunes para el vocabulario de las izquierdas y las derechas. ¿No es a eso a lo que debemos aspirar en momentos en que las instituciones y las prácticas tradicionales de la política están en crisis? ¿No es la búsqueda de un camino democrático, más amplio, lo que le debemos a nuestro pensamiento?

En la medida en que estemos preparados a superar a la figura del padre y a sus delineamientos, debemos comenzar con preguntas basadas en los fundamentos, en lo que condiciona nuestro pensamiento, en vez de con lo que este produce como finalidad. A principios del siglo XXI nuestra agenda debe llevarnos a la reflexión profunda de los procesos que nos han traído hasta aquí. Es hacia este planteamiento que va dirigida mi reflexión, así como hago causa común con la subversión del miedo, el centro y la figura del padre en el Caribe contemporáneo, a favor de preguntas que nos hagan plantearnos la diferencia dentro del propio discurso contemporáneo de la política.

Ante la clausura de la política:
poder, ética y lo político[24]

La política, es decir, el andamiaje que en Puerto Rico agrupa los conceptos de soberanía, historia, comunidad, identidad y desarrollo, dentro de un entorno que representa a un grupo de esencialismos universales y una proyección futura suministrada en tres alternativas de estatus, ha consumido, en el coloniaje y en la fórmula del "Commonwealth" todas sus posibilidades. Es decir, la política está clausurada porque ha consumido todos sus recursos: no importa su forma (Estado Libre Asociado mejorado, independencia o estadidad), esta se hará palpable bajo la lógica jerárquica que caracterizó al coloniaje y al neocoloniaje y que hoy caracteriza a la postmodernidad periférica.

Según Nancy y Labarthe, la condición más extrema de la modernidad europea fue el totalitarismo. Debido a la condición periférica de la isla y su postmodernidad, es necesario ver la tesis de Nancy y Labarthe dentro de la condición colonial del país y la especificidad histórica de Puerto Rico. Por eso, pienso que ninguna de las alternativas de estatus es una verdadera opción descolonizadora: ninguna de ellas representa una manera pertinente de confrontar el poder según este opera hoy. De ahí la clausura y, además, la inhabilitación de la política en el Puerto Rico contemporáneo.

La nacionalidad, la soberanía y el desarrollo están conceptual e históricamente situados dentro de una dicotomía amo-esclavo y son, en esa forma jerárquica, la experiencia límite del presente. De igual manera, las fórmulas de estatus están orientadas mediante un recurso externo al poder que las faculta como parte de la diferencia que representaban. Hoy día, debido al poder mismo, esa posición es claramente insosteni-

---

[24] Una versión previa de este ensayo fue presentada en el *Seminario de filosofía: La actualidad de la filosofía* del Decanato de Educación General y la Sala García Passalacqua-Acosta de la Biblioteca de la Universidad del Turabo, el 21 de noviembre de 2014.

ble. La postmodernidad (el momento histórico que se define como la generalización del proyecto burgués e imperial) hace que no exista ninguna posición externa a ese proyecto de dominación y este, a su vez, extingue las posiciones del exterior mediante los que operaba la diferencia que lo cuestionaba.

Ante la clausura, la inhabilitación de la política y la proximidad de una reflexión filosófica, una reflexión sobre los fundamentos de una entidad, es previsible, sin embargo, la construcción de un nuevo poder en la forma de una ética para el siglo XXI. Esta ética y este poder serán una forma de acercar la política a su propia producción institucional (a través de una meditación sobre sus límites y su sujeto) para, asimismo, vincularla a una agencialidad más allá de sus coordenadas como institución.

Lejos de formular una nueva verdad, metarrelato, moral o lenguaje, la ética que proponemos deberá, como sugirió Foucault, formularse dentro de un proyecto estético y político. Al ser esta una meditación sobre los límites del sujeto de la política, esta ética es, también, un empoderamiento en la medida en que hace posible una agencialidad en contra de lo que la faculta en primer lugar. Es decir, desde la ecuación ética que plantearemos, lo que emerge como el sujeto de la política podrá crear, pensar y resistir desde el mismo origen, desde lo que son los límites esenciales que hacen posible la política como institución. En ese sentido, repensar los contornos del estatus dentro del mundo postmoderno del que es parte Puerto Rico, no significa, necesariamente, el eclipse de la política, su eliminación o que esta vaya a sucumbir a la lógica histórica que, de alguna manera, la hace posible. Significa, en cambio, repensar la política para reinstituirla a través de una reflexión sobre sus fundamentos, al tiempo que permita restablecer la posibilidad de la resistencia, la creación, la crítica y el pensamiento. Esta tarea hay que hacerla hoy desde el interior de la cultura, y no desde el exterior.

En resumen, lo que importa es hacer posible la disensión desde adentro y mediante un lenguaje que reconozca los cambios que operan en el mundo postmoderno. De la misma forma, se pretende repensar la política en lugar de asumir su oclusión como parte de las lógicas que la condicionan. En el caso específico del estatus, se persigue una ética distinta que rompa, pero que no meramente termine, con el desmantelamiento del orden jerárquico que se ha generalizado y que tiene en los conceptos de soberanía, historia, comunidad, identidad y desarrollo sus principales linderos.

Entonces, mis planteamientos principales son cinco. Primero, que la política, como la hablamos y la practicamos (soberanía, comunidad-nacionalidad, desarrollo e historia), ha llegado a su fin. Segundo, que la condición colonial de Puerto Rico (su posicionamiento como parte de un orden jerárquico) presenta un límite similar porque el coloniaje es la limitación última de la política: lo fue bajo condiciones modernas y lo seguirá siendo bajo las condiciones postmodernas actuales. Tercero, que en lo político, como en el acceso a las reglas que condicionan y hacen inteligible a la política, yace una salida a este escenario, aunque sea necesario unir su valor conceptual al del discurso, al de la ética y, finalmente, al del acto de creación. Cuarto, que el asunto de la política en el presente siglo radica, inicialmente, en cómo modificar el poder y, posteriormente, cómo manufacturar una ética que se manifieste en un empoderamiento que subvierta las formas y maneras de la postmodernidad híbrida y fluida de principios de siglo. Quinto, que ante la clausura de la política y la reflexión sobre lo político que le acompaña, llega el momento de repensar los contornos mismos de la nación estado, la soberanía y sus vínculos desde lo social.

De otra parte, estos cinco planteamientos están fundamentados sobre tres principios. En primer lugar, que la filosofía contemporánea ha descubierto la metafísica como un lenguaje, en vez de como un elemento finalmente esencial y trascendental (elemento importante a la hora de plantearnos una resistencia dentro del mundo contemporáneo, pero no suficiente en esta última reflexión). En segundo lugar, que las tres fórmulas de estatus, al nivel de su motivación institucional, funcionamiento y aspiraciones, son iguales (están las tres organizadas por los conceptos de soberanía, historia, comunidad, identidad y desarrollo). En tercer lugar, que es posible, mediante el recurso de una agencialidad que subvierta al sujeto, plantearse una ética distinta a la que era posible dentro de los parámetros del coloniaje y sus cómplices: la soberanía, la historia, la identidad nacional y el desarrollo.

En términos generales, mis proposiciones enfrentan el desgaste de las categorías tradicionales del pensamiento crítico. Este es un hecho que, si bien ha producido el relativismo como síntoma, no es la única forma de enfrentar lo que claramente es una mutación profunda en los contornos de la sociedad, el mundo internacional, la subjetividad y nuestra humanidad. El momento exige la construcción de un discurso crítico que repiense, dentro del mundo postmoderno, el rol del intelectual, el del artista, el de la ética y el del ciudadano.

Son proyectos que aquí comenzamos con una elaboración de la relación entre el poder y la ética, y la idea, siguiendo a Deleuze y a Foucault, de un "adentro del afuera" del poder, que no es otra cosa que el acceso al plano de inmanencia que teorizó Deleuze. Esta posibilidad no deja de ser controversial. Hoy día, por lo menos, la postmodernidad exige elaborar la liberación desde dentro de la cultura, en vez de asumir un exterior a esta. Ese es, en gran parte, el reto principal que tiene una ética en tiempos como los nuestros. Hoy no contamos con las garantías, las subjetividades y las posiciones críticas que han sido la tradición dentro del pensamiento moderno. Por el contrario, hoy es necesario descifrar el mundo postmoderno como punto de partida para cualquier construcción de la crítica, la resistencia y la libertad. Procederemos, al así hacerlo, fuera del horizonte de la Revolución Francesa, del de los Estados Unidos y del de la modernización porque, gracias a la clausura e inhabilitación de la política, así como a el desarrollo del poder postmoderno, estas han terminado. De ahí que, para construir un poder que haga frente al poder en la posmodernidad, sea necesario entender el tránsito de la sociedad disciplinaria a la de control, bajo condiciones que Negri y Hardt llaman "Empire". Es desde ese entendimiento que se podrá, pienso, rehacer la política bajo las consideraciones de lo político, el discurso y una ética que restituya la transgresión y la resistencia.

La modernidad y la postmodernidad en Puerto Rico se sitúan en los Estados Unidos como epicentro del poder, aunque sus implementaciones en uno y otro momento sean diferentes. Es esa diferencia la que pone de manifiesto la clausura y la inhabilitación de la política, y la que amerita la construcción de un nuevo poder. Para hacer una historia un tanto más larga de forma corta, es necesario decir que la diferencia principal entre modernidad y postmodernidad es la existencia de un centro de poder único y la de una exterior a ese poder. Entre los Estados Unidos y, obviamente, la nacionalidad puertorriqueña, se gestaron los centros de acción que tuvieron a su haber los experimentos de gobierno y desarrollo que han sido el coloniaje en la isla. Esta expresión moderna de la política no pudo más que representar una jerarquía y una jerarquía esencialista, universal y excluyente que es cónsona con el coloniaje. Es allí donde más claramente pueden situarse las figuras de los Estados Unidos y

Puerto Rico. La postmodernidad, aunque representa un cambio en la naturaleza del poder, sigue contando con la posición privilegiada de los Estados Unidos, pero presenta una cara multicultural y erosiona las posiciones tradicionales de la acción política. La postmodernidad, en otras palabras, es el momento en que se generaliza la ideología del mercado y la cultura burguesa de la hibridación, la flexibilidad, la fluidez, el descentramiento, el antiesencialismo y la pérdida de sentido de las oposiciones binarias tradicionales. Si es esta una cultura global y generalizada, es una cultura dominante y una cultura de donde muy poca intensidad política puede extraerse para la resistencia.

Así como Hardt y Negri y Jameson y Harvey, posiblemente las teorías postmoderna y poscolonial también están, aunque de formas diferentes, inmersas en la producción del mundo contemporáneo. Hardt y Negri, porque han podido distinguir las posibilidades políticas del contexto contemporáneo y, Jameson y Harvey, porque son cónsonos a ese contexto. En términos de lo que le compete a Puerto Rico y a la discusión bajo análisis, la postmodernidad no es otra cosa que la clausura e inhabilitación de la política. No es más que un golpe hacia las lógicas de la globalización que si, por un lado, desarticulan el nacionalismo, por otro, recomponen su funcionamiento bajo los designios del sujeto híbrido. Por eso, la postmodernidad no elimina el control y el poder. La postmodernidad es, por el contrario, el momento en el que el exterior de la modernidad (punta de lanza para su proyecto crítico) ha dejado, porque esta se ha generalizado, de existir. No hay espacio para más modernización aunque sí, como ocurre hoy, para transformar los modos de producción del capitalismo a unos que tienen en la información, la comunicación y los servicios sus linderos principales.

Es en este momento en que se replantea el proyecto del capital en el que más claramente podemos entender el tránsito de la sociedad disciplinaria a la de control: la más clara de las transiciones que constituyen la postmodernización del poder. Este es un cambio, no solo de grados, sino de naturaleza. Los cambios hacia una sociedad de control en la postmodernidad nos darán las coordenadas específicas para responder a la deshabilitación y la clausura de la política. Ese es el contexto para una nueva ética que pueda ser un empoderamiento a partir de la comprensión de los elementos que la condicionan en primer lugar. Es, dentro de este escenario, que debemos pensar la agencialidad de lo político y las posibilidades del discurso.

Si por un lado carecemos de exterior y, por otro, se han modificado los parámetros del poder, es porque, en la sociedad de control, este es inmanente en naturaleza y en funcionamiento. Este obedece a la articulación de un ámbito eminentemente humano y uno en el cual las distinciones, las mismas que facultan el ejercicio de la política, son internas al proceso histórico.

Las sociedades de control se constituyen ante la crisis de la sociedad disciplinaria, el ente estudiado por Foucault. Esta transición es lo que explica gran parte de la crisis que estamos viviendo actualmente, aunque, claro, en Puerto Rico esta problemática está acompañada de una crisis política, es decir, del coloniaje, del modelo dependiente y de la sociedad de consumo. La sociedad de control, sinónimo del poder en tiempos postmodernos, se articula de forma tal que los preceptos de fluidez, antiesencialismo y multiculturalismo se articulan como la condición prevaleciente y como el acondicionamiento del sujeto de la política. Este era un poder, en su acepción moderna, que homogeneizaba e individualizaba, y cuyo antídoto era la diferencia mediante el recurso de un exterior. En tiempos postmodernos, este es un poder que está descentrado y está biopolíticamente orientado. Además, es inmanente porque él mismo ha erosionado los recursos históricos que le permitían funcionar como poder. Ese es el caso de la histórica discusión en Puerto Rico y es el dato más claro que representa la clausura y la inhabilitación de la política.

Negri y Hardt han llegado a pensar que el mismo poder imperial, el mismo que se articulaba como un centro, se ha modificado de forma profunda para poner fin a la etapa imperialista del capitalismo internacional. Este último cambio, el cual modifica el poder, pero no lo elimina, es lo que ellos llaman "Empire" (es el paso de la sociedad disciplinaria e imperial a la sociedad de control y globalizada). Deleuze, por su parte, sugiere que la sociedad disciplinaria se centraba en la fábrica y que la de control tiene su centro en la corporación. La escuela, la cual también era parte de la sociedad disciplinaria, ha quedado sustituida por el adiestramiento perpetuo. La sociedad de control, en definitiva, es una variación continua. En la sociedad de control ya no se trabaja, sugiere Deleuze, con individuos, sino con estadísticas, con recursos numéricos. La evolución tecnológica de la sociedad de control es la de la computadora. Lo que quiere el capitalismo es vender servicios o partes para ensamblar; está, en otras palabras, orientada hacia el producto, y no hacia la producción. En última instancia, las sociedades de control, de acuerdo a Deleuze, subvierten el mecanismo de la soberanía porque el capital ya no necesita las lealtades a la nación ni necesita, porque se ha reinventado, los mecanismos disciplinarios para funcionar. Su derrotero es la flexibilidad y la fluidez de la modulación que se hace, además, de las capacidades individualizantes y totalizantes del poder moderno. Este tipo de poder no está basado en el conocimiento ni en la verdad, sino en la producción de información. Ese es el tipo de poder que, internacionalmente, describen Hardt y Negri en su texto "Empire".

Con el surgimiento de lo que es, para Negri y Hardt, el ámbito del "Empire" y, para Deleuze, la sociedad de control, debemos ejercer una enorme cautela. Posiblemente, el asunto o parte de lo que ocurre actualmente no es solamente el colapso del *Commonwealth* y su sociedad disciplinaria, sino su reinscripción bajo un nuevo régimen de dominación, un nuevo régimen del ejercicio del poder. Esa descripción es una nueva forma del ejercicio de la soberanía, que surge a expensas de las coordenadas soberanas tradicionales (es el objetivo principal del "Empire" de Negri y Hardt).

Entonces, lo importante no es que no haya, bajo el llamado "Empire", una soberanía. La soberanía que surge bajo "Empire" opera de una manera distinta a como se hacía antes, pues se establece a nivel internacional y comienzan a existir nociones de derecho, de resolución de conflictos y de intervenciones policiacas. Esta última posibilidad reside principalmente en los Estados Unidos, pero, además, en la comunidad internacional.

Aunque mucho hay que reflexionar en relación con el concepto de Negri y Hardt, es necesario plantear que lo que ha pasado es que el sueño imperial se ha consumado. Las democracias liberales, las coordenadas soberanas del mundo y la reproducción, junto a instituciones internacionales, de las nociones constitucionales de los imperios son un hecho. Las excepciones son los "rough states" que vienen a ser objeto de las intervenciones policiales del "Empire". El sistema del "Empire", como he dicho con referencia a la cultura burguesa, sostienen Negri y Hardt, no conoce los límites y carece de un exterior porque es la condición general que compartimos. Si hasta aquí mis planteamientos son correctos, la posibilidad de descolonizar, la posibilidad de ejercer la diferencia y la resistencia debe ser, no solo inventada, sino restituida. El recurso del exterior ha sido consumido por la historia y por el poder mismo, y el tipo de poder que enfrenta nuestra tradicional discusión es distinto al del siglo pasado.

Dentro de las condiciones que conceptualizan Negri y Hardt, incluso la política viene a ser vista como un proceso administrativo y técnico que no permite el cuestionamiento del estatus quo. Es a esos fines que debería establecerse una ética que permita abrir la política para que sea posible la resistencia y, en un gran sentido, la descolonización. Recordemos que, dentro del "Empire", no se eliminan las jerarquías; estas solo toman un matiz flexible y descentrado. Es decir, estas se postmodernizan, tal y como sucede con la economía en general. Entonces, esa ética debe ser una forma de reactivar la política, de, paradójicamente, ponerla en contacto con el poder. Por eso es que cualquier reflexión a esos efectos no es solo urgente, sino que debe ser un empoderamiento del sujeto de la política.

De ahí, mi utilización de la categoría de lo político. Esta categoría es una excavación de los fundamentos de la política, de la búsqueda de la esencia de la política y de una forma de hacer valer una resistencia en los mismos "orígenes" del poder postmoderno, en los mismos fundamentos de la sociedad de control.

Este es un comienzo que debe continuar con las bases de las Humanidades y de las Ciencias Sociales contemporáneas en la medida en que apunten a una superación de la subjetividad de la política, una entidad que está inhabilitada y clausurada en Puerto Rico. Desde las Humanidades y las Ciencias Sociales se ha montado una discursividad que es cónsona con el surgimiento del objeto que estas estudian. Por eso, el nacimiento del ser humano es algo distinto a un desarrollo lineal desde la Prehistoria hasta el presente, con antecedentes en el australopitecos y el *homo erectus*. Ha sido, en vez, una forma de "antropologizar" la experiencia, un proceso que es mucho más reciente que los orígenes tradicionales del ser humano que plantean las Humanidades y su cuerpo teórico.

Tradicionalmente, las Humanidades plantean que existe una etapa formativa, la Prehistoria y la Historia. A su vez, que el período histórico está comprendido por la Antigüedad, la Edad Media, la Modernidad y la Postmodernidad. Uno de los mayores recursos que tiene el pensamiento crítico contemporáneo para establecer la relación de las ciencias con su objeto de estudio es *Locura y Civilización*, un texto que, si bien no habla del nacimiento del ser humano, habla de las relaciones que existen entre la ciencia y el objeto que estudian. Es dentro de ese espacio complejo y difícil, el espacio en donde se eclipsan y se confunden las fronteras de un sujeto y un objeto de conocimiento, que es posible comenzar hoy una reflexión sobre la ética.

Es una experiencia que, en la medida en que alberga la clausura y la inhabilitación de la política, hace inefectivas las llamadas fórmulas de estatus que están pendientes ante nosotros. De una manera muy similar, las fronteras que separan las disciplinas tradicionales deben ser entendidas de forma interdisciplinaria. Allí, la teoría poscolonial, la postmoderna, la posestructural y algunas de las categorías tradicionales (la crítica, la estética y el poder, entre otras) toman un matiz distinto que nos permite darle un sentido igualmente distinto a nuestro entorno, un entorno que ha dejado de ser moderno para hacerse legible como uno postmoderno. La ética, luego de la reflexión sobre la metafísica, el discurso y lo político, es una posibilidad más amplia de hacer política porque le ofrece a esta un contacto con sus fundamentos institucionales.

La metafísica, el discurso y lo político

Lo político, desde la obra de Lacoue Labarthe y Nancy, comprende la esencia de la política, una instancia de la experiencia humana que distinguen claramente de la política per se. Por eso es que Labarthe y Nancy plantean que la pregunta de la política, como la de la filosofía, debe ser accedida mediante la pregunta de las determinaciones esenciales de ambas. Labarthe y Nancy entablan, al levantar la pregunta de lo político o la asignación de esencias, un diálogo filosófico con la política (después de todo, desde cierta época, la filosofía se dedicó al establecimiento de los parámetros esenciales de la experiencia). Como lo político, en Nancy y Labarthe, es más que nada una presuposición de la política y una forma de preguntar, entiendo pertinente traer a mi reflexión la categoría analítica del discurso para así especificar qué es lo que está en juego en esta discusión.

El discurso nos permite un pensamiento sobre los fundamentos y sobre lo que el pensamiento no ha podido, porque no le estaba disponible, pensar. Por otro lado, nos permite un nuevo horizonte analítico que pueda pensar la historia y la motivación de la racionalidad que piensa la política, en vez de meramente historiar o pensar la política.

El discurso es, en última instancia, el recurso analítico que excava los límites de la política y pone de manifiesto la existencia misma de su esencia, es decir, lo político.

En cuanto a Puerto Rico y la ética que hoy es necesaria para instaurar una resistencia al poder postmoderno, lo político representa los límites que hacen posible al sujeto de la política. Si podemos, mediante esta reflexión, superar al sujeto de la política, podremos superar la formación jerárquica que instituye el poder postmoderno. Aunque sus términos son distintos a la tradición, es posible, de esta manera, descolonizar mediante una politización de la soberanía. Ello, en lugar de la soberanía como política o como finalidad.

La categoría analítica del discurso, en la obra de Foucault, es una forma de revertir el orden fenomenológico de las cosas. Con el discurso, la metanarrativa del sujeto (las reglas que lo hacen funcionar), forman parte del haber del pensamiento y, eventualmente, de la práctica que de este último emana. El discurso es, así, el estudio de la motivación socio-histórica de una habilitación. En este caso específico, del sujeto de la política.

El sujeto universal, sus límites y la soberanía han sido objeto de una intensa consideración crítica durante la última parte del siglo XX. La matriz institucional que detalla esta reflexión, como he indicado, son las tecnologías del conocimiento que se crean mediante una distancia entre el sujeto y lo que a todas luces es su metafísica. Es esa distancia la que es fundacional para las reglas que hacen posible al sujeto. Es dentro de la matriz (lenguaje, economía y biología) que ha habido un sujeto.

Si lo político es el fundamento de la política, y el discurso, el estudio de las reglas que condicionan la subjetividad, este acceso no es otra cosa que el acceso a lo impensable de la política. Primero, porque en la medida en que lo político muestra las reglas fundacionales de la política, las muestra como una dimensión de la práctica y del pensamiento que, si bien esta presupone, aparecen en su nomenclatura como lo que esta excluye. Segundo, porque esta asume las reglas de la política como reales y objetivas, sin estar consciente de que esa objetividad le pertenece a su propia articulación como institución.

El descubrimiento de lo político, a través del concepto del discurso, es un acceso a los elementos institucionales que hacen posible a la política. En otras palabras, las prácticas que conocemos como la política (la asignación de esencias) tienen un fundamento institucional de las que dependen para existir. Por eso, mi reflexión no es una disputa sobre una nueva reprogramación de la política. Es, en todo caso, la aspiración a una problematización de la política mediante un acceso a sus fundamentos.

Lo que es significativo de la diferencia que provee el rastreo de lo político es que se revierten el orden de la identidad y la comunidad, pero, sobre todo, se socializan los límites del sujeto y se amplifican las bases del pensamiento y la práctica de la política. Si este entendimiento se hace en el seno de la política, la práctica de la asignación de esencias que esta ha sido puede entenderse en un contexto mucho más amplio y coherente. Esta coherencia, en la medida en que es un desdoblamiento hacia un "interior" de la política, requiere de una relación con un exterior, con la posibilidad de superar la política en tanto que jerarquía y esencia.

De hecho, si hay algo por lo cual Foucault estuvo obsesionado durante toda su carrera, según sugiere Deleuze, fueron las figuras de lo exterior, y qué significa pensar. En Foucault, este proceso de pensamiento se desarrolló, de una parte, a través de las categorías del poder, del conocimiento y del ser y, de otra parte, por la problematización y la ética. Proceder de esta manera supone el comienzo, para utilizar la palabra de Ulary cuando se refiere al trabajo de Kristeva y Rancière, de la rehabilitación de la política (Ulary, 2011). Asimismo, supone una resistencia al poder postmoderno en la misma dimensión en donde este se origina: el plano de inmanencia y el agotamiento de la imaginación transcendental.

La ética y su exterior

El interés de Foucault por lo exterior fue tematizado desde el principio de su carrera. Tanto *I, Pierre Revière* como *Locura y civilización* son formulaciones tempranas de estos problemas, así como la *Historia de la sexualidad* es una consideración posterior a los mismos temas. La creencia de Foucault en el exterior sufrió un cambio drástico después de la publicación de los primeros dos textos de la *Historia de la sexualidad*, una obra que fue responsable de la transformación de su proyecto. *Locura y civilización*, por su parte, viene a demostrar no solo que la razón solo es concebible a través de la exclusión de la locura y, por tanto, es poder, sino que su alternativa está sumergida en la misma matriz de producción de poder. Como sugiere Perbalt, este impasse llevó a Foucault a interesarse por la literatura (Perbalt, 2000). Lo literario vino a representar la posibilidad de lo exterior, tal y como Blanchot le había enseñado. Este interés hizo posible, en algunas de sus entrevistas y en algunos ensayos, la formulación de que los recursos del lenguaje son los que permiten una diferencia puesto que estos son infinitos. Ahora bien, hacia finales de su carrera, Foucault cambió su forma de pensar de forma decisiva y definitiva. Foucault dejó de creer en la existencia de un ente exterior a las formulaciones del discurso y del poder, fuere el lenguaje en su determinación infinita o la locura en su marginalidad más determinante. Fue, entonces, que apareció en su vocabulario la ya famosa frase "pensar distinto". Es, también, cuando se da la proximidad más íntima entre el trabajo de Foucault y el de Deleuze.

Si ha sido o no la *Historia de la sexualidad* de Foucault (incluido el cuarto volumen que no fue publicado) capaz de acometer semejante tarea dentro de la tradición filosófica occidental, es una pregunta que se resuelve mejor a través de la obra de Deleuze. Los conceptos de "pliegue", "el interior del exterior" y "minorización", desarrollados por Deleuze, definitivamente traen la preocupación de Foucault a tierra firme.

Es posible, sin embargo, obtener al menos dos lecciones de la relación de Foucault con el exterior y su preocupación con el pensamiento. Primero, son los mecanismos analíticos del discurso los que permiten el entendimiento de las reglas de formación del sujeto (esa es la lección principal de *El Orden de las cosas*). Segundo, existe un espíritu a través del cual el pensamiento elude la finalidad de la institución de la verdad, la ley y el sujeto (esta es la lección que se obtiene de muchas de las entrevistas y trabajos sobre el poder durante los 70).

Si la filosofía solía verse como una justificación del poder o una manera de descubrir los límites del poder, en Foucault encontramos una manera distinta de entender ese funcionamiento. Esta proposición tiene mucho que ver con los límites a los cuales el pensamiento tenía, supuestamente, que renunciar como consecuencia de su modernidad. Para él, la filosofía debía identificar límites para pautar transgresiones pensadas. De esta manera, Foucault operacionaliza una transformación de la filosofía occidental en nombre de la política y la libertad.

Si he argumentado en favor de la idea de que Foucault tematiza una relación con el exterior, es porque el acceso a las reglas que, mediante la complicidad del poder, producen al sujeto, el acceso que propuso es una relación con lo que es el "exterior" del pensamiento y la acción. Acceder a estas reglas, hacerlas internas al pensamiento y la acción suponen una actuación y una evaluación de los límites que hacen posible al sujeto. Es por eso que, en Foucault, existe una relación con el exterior, la cual fue una de sus grandes búsquedas y, posiblemente, una de las alternativas para un momento como el nuestro.

La formulación del exterior se refinó considerablemente en el trabajo de Deleuze. No solo Deleuze propone el concepto del "adentro del afuera", sino que, en su último libro, lo sitúa en un plano de inmanencia. Ambos ángulos fueron elaboraciones que fueron más allá de la búsqueda de Foucault, incluso, en los trabajo donde él operacionalizó una ética que hace reemerger al sujeto desde dentro de los procesos críticos que, al principio de su carrera, lo llevaron por esa ruta. Esta ética fue una manera de hacer emerger al sujeto de una forma positiva que se construía de acuerdo a parámetros estéticos, en vez de únicamente normativos.

Con la reflexión de lo político, este surgimiento del sujeto puede ser también un empoderamiento. No pretendo argumentar que Foucault no estaba consciente de esta necesidad pues, después de todo, habló de las "soberanías subyugadas" del sujeto humanista y nunca rechazó el poder, aunque haya dejado claro que era necesario modificarlo. Si unimos la reflexión que precedía a esta sección, el resurgimiento del sujeto lo podemos concebir, no solo como un acto de creación, sino como un empoderamiento. Entre Foucault y Deleuze, ese empoderamiento ocurre en el preciso lugar en donde el poder se instaura como institución: la motivación del sujeto y la producción del cuerpo. Es allí en donde la ética que venimos elaborando cobra su pertinencia, a la vez, porque desarticula el poder y porque hace posible una resistencia en el mismo nivel en donde este opera.

Es, pues, mediante la problematización de los límites de la experiencia, los de la filosofía inclusive, que es posible plantearnos el asunto de la ética del siglo XXI. El poder ha cambiado y con él las respuestas a su quehacer. Ello será, de igual forma, la reconstrucción, en todo caso, de la diminuta democracia en Puerto Rico.

No cabe duda de que los cambios que constituyen las características principales de las sociedades de control o lo que, para Negri y Hardt, es el "Empire" y que, a su vez, conforman la postmodernización del poder, representan grandes retos para el pensamiento crítico. De igual manera, configurar una nueva ética, una ética que sea un empoderamiento, una necesidad que en Puerto Rico está directamente conectada con la clausura e inhabilitación de la política, requiere de operaciones del pensamiento que exceden lo que es posible hacer aquí.

Ahora bien, dos cosas deben quedar claras. En primer lugar, el recurso de lo político, como el lugar en donde se motiva la política, contiene las bases para una apertura que es, a su vez, un empoderamiento de un sujeto que ha perdido efectividad porque ha consumido todos sus recursos. En segundo lugar, el recurso de lo que Deleuze llama el "afuera del adentro" del sujeto representa una posibilidad para remotivar una ética en tiempos postmodernos, en la medida en que es una ética que no requiere de un exterior. Es más, es una ética que se nutre de esa ausencia en la medida en que está cifrada realmente en el acceso al interior de la política, es decir, en lo político que no puede ser otra cosa que el interior del exterior de la política. Definitivamente, como han dejado ver Kristeva y Rancière, y como nosotros sabemos, la rehabilitación de la política requiere de mayores esfuerzos que los presentes. Sin embargo, comenzar sin saber cómo se motivaría y se justificaría una reapertura, una rehabilitación de la carente democracia puertorriqueña, sería una pérdida de tiempo y, posiblemente, la repetición de instituciones y lógicas que todos y todas conocemos muy bien. No es momento para la nostalgia ni la confusión. Es, en cambio, momento de continuar con la definición de una ética para el siglo XXI como un hecho en común, desde la inmanencia de un empoderamiento a esa misma altura de la historia.

Archaeological and Genealogical Notes of Latin American Intellectuals

To pose the question of intellectuals to history is to open a double-edged problem. It is to, on the one hand, confront the resources of thought that constitute an archaeological dimension and, on the other, consider an eminently historical emergence. Between the two processes one finds the transference of authority from traditional sources to those pertaining to intellectuals and their modernity. In Latin America, this transference has been in the making since the various processes that led and later consummated the "discovery" and the conquest of the continent.

The archaeological resources of the figure that formed with the transference invoked constituted themselves in a period that goes from the 15th to the 19th century. The history of such an archaeological formation is far from a linear process. It is constituted by a disruption of the conditions that prevailed in Latin America prior to the conquest, the formation of the *criollo* class and the eventual defeat of divine thought. The possibility of modern intellectuals is thus allowed by the defeat of pre-modern thought and worshipers, to later be invested in priests and, much later, in a combination of poets, academics, writers, politicians and revolutionary leaders. In sum, these defeats transferred the authority of divinity and turned it to reason and its alibis (national formations, sovereignty, identity, etc.).

The key issues regarding the transference of authority under investigation were already discussed in the debate between Bartolomé de Las Casas and Juan Jinés de Sepúlveda during the 15th century. Although the issue of the debate was how to conquest better the indian populations, within the justifications for such practices, one finds the emergence of the possibility of modern subjectivity in battle with a divine mode of thought. This was a key historical struggle and the one that turned out to be definitive in the articulation of intellectuals, republics, nation states and the division of private and public spheres, the realm of action of Latin American intellectuals. It is with reference to these two dimensions, the archaeological realm and the genealogical or historical dimension, that it is possible to understand the origins of intellectuals in Latin America. Intellectuals have been, in their height, responsible for charting national plans, justifying power and speaking for all. They have been, in other words, a representative consciousness for the continent.

Historically, there was a "pre-philosophical" thought or a mythology that is very far from constituting the universal nor the limits that are essential for the possibility of Latin American intellectuals. Life, death, time, creation, mankind, and god are part of this early thought, one that had in the figure of worshipers or wise men, a comparable figure to that of intellectuals. In this phase we have to situate Nahualth cosmology, Aztec legends, the Popol Vuh, sang poems and Incan drama. As the Inca Garcilaso de la Vega affirmed, the Incan wise men were the ones responsible for traditional thinking in the Latin America rather than priests, poets, literary and other political figures. The time in which this thought flourished was at the height of the Mayan, Aztec and Incan empires during the III a.c. and XIV d.c. The Latin American colonial period, in turn, was characterized by the religious polemics in the first built churches, universities and libraries, places that were cortical in the formation of modern intellectuals. The first Latin American philosopher was Fray Alonso de la Vera Cruz who participated in the spreading of mysticism and neo-Platonism.

During the colonial period, thought was clearly dominated by clergymen, metaphysical intellectuals, and theologians. The next phase, what is properly modern in Latin America, opened as a new stage in the development of what was taking shape as Latin American thought; during this time, Cartesianism and Encyclopedism, two movements that were already directly related to Europe and its knowledge, started to flourish. It is during this period that one can find the fruition of the resources that later, in the 19th century, will organize themselves as the figure of intellectuals.

This thought was practiced by *criollos* and *mestizos* and it would be the thought of the independence from Spain. It was around the 18th century that this thought would take root in the Latin American university after hazardously moving from the institutions of the *encomienda*, the training of colonial militias, and the priests who taught at Latin American universities. In the middle of the 19th century, almost all Latin American countries gained their independence propelled by the ideas of the Illustration and the French Revolution. Sometime later, the priority would be the liberation from European thought, the onset of the properly Latin American and the end of what was taking shape as an understanding of dependency. This thought, which called for the liberation from Europe and that is associated with the Latin American left, even if it was first associated with independence, will have to wait its time.

There were, as there still are, various strands of thought that can be considered left. They are divided by the revolutionary relays and the idea of greater inclusions in a democratic socious. The obvious debt of Latin American thought is to Marxism and to the kind of knowledge operation, which called for a "deep" understanding of society (in and through its structural, spiritual or biological underpinnings), in what constitutes the modernity of the region. Closure is the institution that, for the most part, has been responsible for the historic developments faced by Europeans, Latin Americans, and other third wordlist practitioners of thought during the period. Depth, closure and universality were, as I will demonstrate, the key archaeological resources that are foundations for Latin American intellectuals. Although complex in its nature, it is the history of those archaeological resources that demonstrate the place of intellectuals in the contemporary world.

The figure contemporarily associated with modern intellectuals, as I have said, was formed in the Latin American scenario during the period that goes from the 14th to the 19th centuries. This thought, however, will have its most extreme expression in the advent of the Cuban revolution and the work of the boom writers in the second part of the 20th century. As a historical process, this development takes form in at least three historic moments in Latin America: the rationalism of the colonial period, the positivism of its later part, and the Marxism of the late 19th century.

Certainly, there will be many off springs of these resources that will be expressed in the 20th century, primarily, but not exclusively, by Marxism and the revolutionary and not so revolutionary traditions of Latin America. I am specifically referring to Victor Raúl Haya de la Torre and José Mariátegui, since their *indigenismo* and *afroamericanismo* will be part of Latin American thought during the 20th century in such a way that European traditions were "Latin Americanized".

What for scientist were rules of behavior, structural determinations and generalizations, for artists it was the reality of the continent and its social and cultural life what had to be rendered as true, even in a magical realist sense. Although painting and sculpture are tainted with the archaeological resources under investigation, two of the off springs of these systems of thought were the novel and, much later the cinema, which, by way of naturalism and realism, were part of the Latin American 19th and 20th centuries.

Cien años de soledad not only stems from true historical accounts, but it is based on a true history, which repeats itself through the continent and the world. *Memorias del subdesarrollo,* in turn, tells the story of a true consciousness emerging from the inconsistent, ambivalent and partial colonial view of a colonized society. It does so from the point of view of the non-burgeois reason, which understands the totality of things: deep structures, a closed relation to the outside, and, thus, the prism of reason as institution. These are what we may call "archaeological devices" that stem from the discovery, the conquest, and the colonization of Latin America.

The archaeological dimension

The archaeological roots of the thought that constitute the figure of modern intellectuals can be found in various movements in the history of Latin American and European thought during the period that runs from the 14th to the 19th century. This movement goes from Nahualt thought to the modern philosophy of Latin America. The archaeological tools we are making reference to and that are responsible for the construction of the figure of intellectuals are reason, the ideas of orderly progress, positivism, and the essentialism that insisted in a spirit peculiar to Latin America, organized by depth, closure and universalism. It is among these resources that one discovers the construction of the figure of modern Latin American intellectuals. These modern intellectuals represent a figure that can universalize its function due to the kind of knowledge he is able to master. They are the ones who could name the spirit, using the resources of reason, or who could claim to have access to the depths of Latin American experience.

As Luis Harss indicates, in Latin America this figure was firstly expressed, as a modern appearance, by the figure of poets. Poets, he argues, gained a privileged position in comparison to public figures. It was poetry that revolutionized the Latin American mis-en-scene when Darío imported the latest French modalities. As a writer, Darío did not look for form in the surface of things, but in a deeper dimension. What, in fact, evolved during this period in which poets where granted such an authority was the Latin American author. This author, Harss, in *Los Nuestros*, suggests, feels better in this world, but he believes that this world will only be revealed through his work. Intellectuals are a universal figure on behalf of the entire population that, in Latin America, beginning with poets, is representative of a consciousness for everyone.

Oral traditions, on the other hand, were more dependent on its teller and had not really the verification nor philosophical legitimacy that modern political programs, revolutions, states or identities have. Through a verifiable knowledge, the knowledge of the entire population, its esoterism, as Alan Riding suggests, is the one that confers respectability to governments and legitimacy to revolutions (Riding, 1987). It is also the one that furnishes the relationship of "the people" with power, while satisfying the needs of an idealism prevalent in Latin America.

If intellectuals satisfy these needs and possibilities, it is because, in a similar fashion to the relation there is between philosophy and science in the West, Latin American intellectuals have been the ones who render power legitimate. Also, they have been the ones that have colored the hopes and dreams of the continent. The rationalism that we identify with the Enlightenment was initially accompanied with a medieval kind of thought in Latin America and the Europe of that time (literature in Europe and that of the *cronistas* were mixed with medieval fantasies). The sources of this diffusion are, first and foremost, the monasteries and schools that were established by priests in Latin America and, on the other hand, the interaction of scholars from the two continents. Independence leaders drew their inspiration mostly from Enlightenment ideas that postulated the centrality of reason in human and social affairs. Political independence, which drew, as I have suggested, from rationalism, was part of the process of perfecting man and society. Independence leaders were landed *criollos* who thought of liberating themselves from a decadent Spain by taking over the power of the crown. This thought was characterized by the general belief in the natural goodness of men and was committed to the idea of natural progress in human affairs.

There were sharp differences among independence leaders, although they shared the ideas of natural law, freedom in politics, economics, science, morality, and progress. Some of these leaders were monarchists, others advocated for liberal reforms, and others were republicans. By the middle of the 19th century, this early rationalism was being replaced by scientific and evolutionary tendencies. By the end of the century, one finds the first time in which Marxism made a dent in Latin America. It is with these last two movements that the limits that today define modern intellectuals will make a definitive entrance into the Latin America scenario. The various strands of intellectuals that would stem from these archaeological resources would be the ones allowed to name what was truly Latin American, the structural limitations that constrained the development of society, not to mention, proclaim the course of history or the limits to reason itself.

If I believe that intellectuals can name the limits, it is because the functioning of modern thought, to which they are direct bearers, was precisely the establishment of limits as thought itself. This is why we have the *indigenismo* and the *afroamericanismo* of the 20th century as the identification of the limits that constituted Latin American hybrid identities. This process was further refined with the resources of positivism. Orderly progress was the key idea of positivist thought since it provided a scientific approach to the problems of the organization of national life that Latin America was going through during the 19th century. Positivism was close to Marxism in the sense that both movements rejected utopian socialism in favor of a science of society. Like Marxism, it rejected as well the metaphysical basis of philosophy for a theory of history. Positivism and Marxism remained separate movements. Marxism espoused a theory of revolution of the working or a peasant class, while education was a principal part of the positivist agenda. With education, people could get rid of superstitions and rise to the level of freedom required by the positive stage of society. Because positivism was mostly non-revolutionary, it also became nationalist and was able to connect/associate itself with concrete measures to solve national problems. Eugenio María de Hostos, for instance, was a key figure of the positivism of the day.

Hostos looked for rational and essentially moral principles or laws governing social structures and behaviors. The subject of history was the human being; thus, history, he sustained, created human ideals.

Martí, while not entirely far from the positivist agenda (this is why his thought resounds so loudly in the 20th century revolutionary movements) will decry the evolutionism and called for a revolution in ethics. Just like José Enrique Rodó, this was an eloquent plea for a spiritual revolution in ethics based on love. Rodó's work, as it is the case with Martí and Rubén Darío, reveals a search for what is properly Latin American as an expression of the spirit or the soul. It is with these last resources that the figure of intellectuals can take final archaeological shape in Latin America. This is, with the subtleties of various centuries, what modern intellectuals will be called to perform in Latin America.

It is not a coincidence that later in the 19th century we found figures, like Darío, who assumed the position of moral consciousness of the region. It is neither a coincidence that this thought constitutes the basis for the development of the 20th century's nationalism, for the revolutionary upheavals and for the development of movements like the Latin American boom. All of them participate in the naming of limits that modern thought establishes as itself. In the case of Darío, modernism found a difference within language that named Latin American in a way comparable to what Rodó will do with the spirit in *Ariel*.

There is no sense in denying the innovations of modernist art nor the rebellion against tradition that it embraced. The problem is that, as a movement, it is engraved with the modernity of thought in which a named depth would be defined as a difference, while such difference would be considered a separation rendered as the artistic dimension of an era. These roots will, in the case of Puerto Rico, encourage Pedro Albizu Campos to search for the truth of the soul, as did Rodó with the spirit of *Ariel*. It is Marxism, however, the movement that will perfect what is modern in thought in Latin America. With it one finds the identification of a subject of history that will be constrained by social structures and the elaboration of a science of society bearing such knowledge.

The ideas of Marx were held by radical labors leaders and an emerging labor press. Economic and demographic changes at the beginning of the 20th century were pressuring governments in the region and were creating the basis for social protest. Some of these ideologies had a Marxist base. When Leninist communism came to America, it divided Marxist revolutionary thought into Socialism and Communism. Marxism found acceptance in the intellectual middle class and in university circles. The agrarianism of the Mexican Revolution, the

Peruvian Aprismo of Haya de la Torre added the most distinctive American note to Marxist thought. Most Latin Americanization of thought proved a shift of the subject that could be considered the subject of history.

Mariátegui, for example, argues that colonialism did not bring capitalism to the new world, but stifled the development of the indigenous pre-conquest development. The solution was to renew the pre-conquest economic and social development as a revolutionary neo-positivism theory of *indigenismo*. Marx thought the working class as the subject of history, while Mariátegui saw the *indígena* as its subject. It is this process, the definition of a subject of history, that forms the basis upon which modern intellectuals finally shaped their figure.

Either by recourse to laws of society identified by reason or through the identification of an essence in the form of a soul or a spirit, intellectuals emerged as universal due, precisely, to the possibility of representing this initial "discovery" to the rest of the world. Without rationalism and positivism we would lack the prominent figure of modern intellectuals, as Latin America would lack positivism and rationalism without the founding ground that the idea of the limit has played for both. Intellectuals and, to a certain extent, artists are the ones who have existed for finding these laws or these characteristics of the soul. It is thus reason, the laws that limit it and the essences of spirits, what constitute the pivots through which the intellectual will emerge in the continent. If the idea of the limits has had, as I have here demonstrated, a sophisticated intellectual history, the initial or precise moment for such a determination was the moment of discovery of both Europe and Latin America in the 14th century.

Europeans, on their part, had other encounters with difference in the voyages of Marco Polo and some other adventures. The radical difference they found in the Americas, as Greenblat and Todorov suggest, was such that it made them identify themselves as others with regards to what they have found (Greenblatt, 1992 & Todorov, 1999). There were certainly other European historical developments that eased the understanding of difference as were the single point perspective, the unification of language, and the transference of authority from God to man as universal subject that were part of this historical moment. This is why it is possible and necessary to say that intellectuals in Latin America are alibis of order, a type of order that propends to submission and domination, the colonial terms of address, if you will. Then, if there is going to be a radical force in Latin America, it is because these relations are going to be reversed and brought to an end. Also, because they will be forced to function through a logic different from the colonial one.

Although the emergence of modern Latin American intellectuals is explained by an archaeological dimension, this is a process that is also historical or properly genealogical. It took five centuries, the Cuban revolution and the boom writers for the options available to modern intellectuals to consummate itself. In the discussion that ensued between Las Casas and Sepúlveda in the 14th century, however, one finds an epistemic transformation that exposes the difference between a medieval and a modern episteme. It is this difference that explains and isolates the emergence of intellectuals as modern institutions as well as an universal rendition of experience.

History and Intellectuals

The Valladolid debate shows the emergence of an economy of difference based on the "discovery" of the humanity of human beings, which is representative of a modern episteme and, on the other hand, a medieval one. Without doubt, the Spaniard *conquistadores* had all kind of medieval references in their dealings with the reality they found in the Americas. Columbus, for example, thought that he had discovered the terrestrial paradise, while others sought the fountain of youth, and the seven enchanted cities. The historical process that followed was far from linear, although it clearly drew a line for Latin American and for intellectuals. It went from a process of Christianization, through the institutions of the *encomienda* and the *repartimientos*, and later developed into the institutionalization of universities and schools established by the Church. This process was also part of the development of the colonial militias, independence armies, the nationalization of leadership (in Bolívar, San Martín and the likes), as it is still part of the current crisis of Latin American thought and politics.

Neither Bartolomé de las Casas nor Sepúlveda, the key figures in understanding this epistemic break in the region and the emergence of Europe, proclaimed the universal nor the bourgeois order it creates. What they represent is the embodiment of the transfer of authority that created the conditions for the construction of the universal necessary for empowering intellectuals as modern figures and the institutional basis of the world they will populate.

The Latin American and the European continents, prior to the conquest, were rather different. In Mesoamerica and the Andean region, early Amerindian civilizations mastered sedentary agriculture, constructed irrigation systems, engaged in imperialism, and lived in socially stratified societies. The economy of Mesoamerica relied on agriculture with most of the people engaged in the cultivation of maize, beans, squash, chilies, and a variety of garden vegetables.

The center of Aztec religion was the cult to Huitzilopochtli. The Aztecs built splendid temples, created an effective army, and developed rites that tied together warfare, human sacrifice, and religion. They constructed and provisioned Tenochtitlan with extended commercial routes, large markets, while creating an effective educational and propaganda system. They also spread Nahualt as common tongue through the region.

The Incas created the largest indigenous empire in the Americas and developed the most sophisticated political and administrative structure. The basic social unit was the *ayllu*, a group that had a common ancestry and a hereditary chieftain advised by village elders. All New World societies lacked iron and hand metal tools with the exception of the Incas who used bronze. Except for the llama and their relatives, there were no large domestic animals available for transportation of food or people. Religion and the belief in a supernatural world were widespread, as was the prevalence of witch crafters as the one who named the forces of good and evil trough the language of a spontane-ous poetry. In the Incan empire, Amautas performed the duty of adviser and philosopher. The history of the Pre-Columbian peoples was transmitted through oral teachings.

The conditions in the Iberian world were rather different from that of the Americas, particularly because of the processes of unification, which were part of the European history of the moment. For most part of the Roman world, Iberia experienced centuries of political dislocation following the Germanic invasions that began in the 5th century. The repeated failure to resolve monarchical succession and bitter problems among Christian sects rendered the Visigoth kingdom incapable of withstanding a Muslim invasion in 711. During the reconquering process that began in 1482, Ferdinand and Isabella, who married in 1469 thus uniting the kingdoms of Castile and Aragon, responded with a Christian attack, which turn into a war that lasted until Granada surrendered in 1492. Isabella and Ferdinand followed up the victory over the Muslims in 1492 by allowing four months to either convert to Christianity or emigrate, a process that eventually led to the establishment of the Inquisition in 1547. This wasn't surprising since, in Iberia, the association of dark skin with slavery had become firmly established before the settlement of the New World.

With regards to the Iberian economy, it was based on agricultural and pastoral activities. On the other hand, technological advances increased their confidence in the ability to undertake lengthy voyages and opened the way for a great era of exploration. 1492 marks the beginning of the period of splendor of the Spanish monarchy. They expelled the Muslims from Granada and unified their kingdoms. The Spanish language, in the work of Nebrija, who wrote the first grammatical rules for the Spanish language, was unified. With the expeditions of Columbus, beginning in 1492, the Spaniards consolidated the expansion of the mercantilist economy and began the process of the conquest of the New World.

Juan Jinés de Sepúlveda had written a treatise that sought to prove that war against the native Indians were just and necessary for their Christianization. The manuscript had been written under the auspices of the President of the Council of Indies under the encouragement that it was a service to god and the king. Sepúlveda sustained the view that the violent conquest was both lawful and expedient, as well as an indispensable preliminary to preaching the faith. When Las Casas came into contact with the manuscript, his outcry was so decisive that the Council referred the matter to the universities of Alcalá and Salamanca. Las Casas declared that war against the Indians was neither expedient nor lawful, but contrary to the Christian religion. .

Sepúlvada, contrary to Las Casas, who was interested in spreading the faith of God, was interested in the salvation of the indians and the people of Spain. Sepúlveda invokes the "civilizationary" character of a humanity embodied by man. If for Las Casas the world is an inscription of the power of god, Sepúlveda takes this world and understands it as something that is created and developed by the human being itself. He thought and argued that the natives of the Americas needed to be violently conquered because they had no property and because they worshiped more than one god. He was of the idea that they needed to be conquered because they needed to ascend to European civilization. Sepúlveda would argue that "what could happen to these barbarians more convenient than to be submitted to the empire of those whose prudence, virtue and religion will make of them...civilized man; from rude and libidinous to honest; from worshipers and servants of demons to Christian worshipers of the true God" (Sepúlveda, 1941). Sepúlveda also objected to the way in which the natives organized their property. These characteristics were articulated by Sepúlveda as differences between Europeans and Americans and, as such, as characteristics that were embodied by what a human being was or could be. In articulating his view, Sepúlveda didn't turn to the figure of God as Las Casas was.

Las Casas thought that the violent conquest was not needed because the natives would, in due time, learn the manners and forms of the Europeans organized in utopic communities. This project was possible because all human beings, according to Las Casas, came from God and, as human beings, they would necessarily learn His ways. Las Casas' plan was to colonize the northern coast of Venezuela with Spanish farmers in order to build a Christian community in the New World. Las Casas was thus able to think the Indians as part of the broader constitution of life, but as people that easily could become Christians. As he argued, "the Indians are of such great gentleness and decency that they are more than the other nations of the entire world supremely fitted and prepared to abandon the worshipping of idols and to accept providence by providence and people by people, the word of God and the preaching of the truth" (Las Casas, 1992). Las Casas continues by saying that "since God's love of mankind is so great and it is His will to save all man, it is in accord with His wisdom that in the whole universe, which is perfect in all its parts, wisdom should shine in the most perfect thing, rational nature". Rational nature, Las Casas suggests, "is provided for and guided by divine providence for its own sake in a way superior to that of other creatures, not only in what concerns the species but also each individual" (Las Casas, 1992).

In Valladolid we already have a colonial project based on a violent conquest and based on difference, reason, and the humanity of human beings and another based on sameness and the authority of God. If this is the case, Sepúlveda is, at least, a transitory figure in the European scenario of a knowledge that is eminently modern. It is this modernity embodied by Sepúlveda what will later constitute itself as the basis of modern intellectuals, their knowledge, and their practices.

It is Sepúlveda who defines the natives of the Americas as different people who, due to this difference, had to be conquered. Sepúlveda's thought will develop into the bourgeois order that is today Latin America and that, for the same reasons and with the same forms, has all kind of implications for Europe itself. Such an order is constituted by liberal capitalism and the modern nation states, but based on reason, the human being, and progress.

There are many movements that constitute what is considered the Latin America Modernity. All of them, however, fall within the limits I have established as archaeological roots, knowledge formations, which allow modern intellectuals as universal figures, and the powers to represent the region or legitimize power itself. If this is the case, intellectuals like Rodó, Mariátegui, Hostos, and Martí have all participated in the arrangement of order, while calling for a leftist and radical type of participation.

The Cuban Revolution, the Latin American literary boom, and colonialism constitute what can reasonably be called the threshold of modernity in Latin America. This threshold represent the limit confronted when thinking the figure of intellectuals and their political practices.

The Cuban Revolution is the highest expression of the modern subject as it has been inaugurated by modern thought. The revolution is the movement that more intensely proclaims and expresses the completion of the program of the modern subject, rather than changing it as it has been normally thought. Cuba has operated in the place that more closely achieves the "end of history" under presence of the so called working class. In a similar fashion, the boom writers have represented more strikingly Latin America to the rest of the world. Under magical realism, they have inaugurated depth as the primary characteristic of literary knowledge. Although the magical, as it is said, is the vey reality that makes up Latin America, it is founded in a deep understanding of history.

García Márquez discovered that space in Latin America is not unified as a totality. That is why inventions and developments can have different todays. At the same time, García Márquez discovered that history is not really a linear process, but that it can be repeated, instead of progressing through differences. It is actually to this characterization of history that the novel owes its diagnostic as a rendition of Latin American solitude.

Revolution and the utopic future opened by communism are possibilities made available in Latin America by the web fabricated under Marx's name. It is impossible, in Latin America, however, to talk about Marx's influence and its current fate without considering the effects of the work of José Enrique Rodó, nationalism, and the event of the Cuban Revolution. It was *Ariel* what inaugurated the anti-imperialist critique that has characterized the Latin American intellectual agenda during most of the 20th century. The question, however, from which it emerges (Why the Latin American republics had a different fate than North America and Europe?) has been a question inscribed in Latin American thought since the development of the republics.

The first answer to such a question was to suggest that authoritarian tendencies inherited from Spain constrained the development of the region. In the 1880's, Sarmiento added that the solution to this problem was not only the "de-hispanization" of the region, but also its "de-indianization". During the 20th century, the aim and the responses to this question have not considerably changed. In fact, what José Enrique Rodó suggests in *Ariel* is that there is a spiritual superiority to the continent that needed to be defended against the mathematicity of the north. Such ideology was, in fact, enacted by the generation that followed it, while articulating nationalist and anti-imperialist claims that, mixed with the influences of Marx, account for the region's left projects during this century. Such an ideology and the Arielite founding statement were mixed with anarcho-syndicalism and communism. Communism was, in turn, split between what became known as populism and the various strands of Communist parties of the region. Populism was, for the most part, an ideology that strove to include the excluded in the nation state by better distributing national wealth and democratic resources. As a project, it was advocated and implemented by Luis Muñoz Marín, Juan Domingo Perón, and José Figueres, among others.

In comparison to populism, communist parties were partly inconsequential in Latin America since they never held power, something that the populists were able to do. The twists and turns of the continent's parties and regimes took an unprecedented detour during the 50's as an effect of the Cuban Revolution. The Cuban Revolution was felt in the continent's theoretical discussions, but also in the internationalist interventions the Cubans were part of. During the time the left was actually divided in three (pro-Soviet, pro-Fidel or pro-Ché). The basic dispute between Ché and Fidel had to do with the revolutionary possibilities of the middle class and the peasantry, therefore, whether or not it was possible to recruit the countryside and/or the cities for revolutionary upheavals. With the Soviets, their difference turned around the question of whether the Cuban Revolution should be of a Third Wordlist character instead of being a Soviet styled command revolutionary state.

Cuba's influence over the left had its highest moment with the triumph of the Sandinista Revolution in the 70's, and its victory, with Angolan forces, in the battle of Wito Canabale. Cuba's glory, however, was short lived. It was mostly consumed by the Sandinista electoral defeat in the 1990's and the further difficulties the regime has undergone, among other things, by the embargo imposed by the United States. As part of this crisis the left has renounced utopia, revolution, and, in many instances, liberation itself.

The "crisis" of the revolutionary left can be traced by international and national factors, which comprise developments the Latin American and the intellectual agenda of Europe and the United States. In both their international and national dimensions, the basic problem has been the exigencies and demands of the regulations by which modern nation states, be they communist or liberals, constitute themselves.

The Sandinista revolution, for example, confronted the rebellion of sectors of the Nicaraguan population that, in its beginning, had very little or nothing to do with North America. The same can be said about Cuba where, at least, musicians of younger generations than the "New Song's" have experienced state repression because of their art and were confronted to national regulations. *Fresa y Chocolate* (1993) and *Guantanamera* (1995), two of the films of the late Tomás Gutierrez Alea, point to the problems confronted by artists and the intervention of the state in people's lives, the first one with regards to her women identity, while the second one, with regards to his homosexuality.

The Sandinistas, for their part, confronted the millenary tradition of peasants and populations of the Nicaraguan Atlantic Coast as they resisted their incorporation into a national market, a planning system, and bureaucracy. In fact, in the words of Luis Carrión, commandant of the Revolutionary state and the FSLN, in a personal interview, one of the problems the FSLN struggled with was the way in which "the nation state would always leave someone outside". It is thus possible to say that one of the elements of the crisis of thought in the region is a problem not necessarily of constituting national communities, but with the way in which they are constituted since that tendency of "always leaving something outside" is part of the structural composition of the modern nation state. This is, in fact, why we can say that the crisis of the left is related to modernity itself rather than just the left. The international dimensions of this crisis, within, as it were, the nation, have been created by the collapse of the Soviet Union, the Berlin Wall, and its satellites.

It is a well-known fact that most of the planet has understood the collapse of the Soviet Union as an indication that communism lost the race of ideologies organized as the Cold War. Such a conclusion has led to the intensification of the powers of neoliberal regimes in the region and the practical disappearance of the left as a revolutionary force. This has translated into a crisis of credibility of intellectuals as a historical force.

Intellectuals are a figure recently created in Latin America. The first ones who took a similar role were worshipers and wise men in the native populations of the America. Likewise, during the 1940's and 1950's poets assumed the representation of the continent's consciousness. It is through the imposition of religion by the institution of the *encomienda* and by the development of cities and universities that one finds the training of figures that will arise as leaders of the community later called nation state. These are *criollos* born in Latin American but highly influenced by European and North American processes, thought, and practices. It is through revolution that intellectuals will be brought to the limit of their possibilities. Although there is certainly a tradition of intellectuals in Latin America that, since the 19th century will, among other things, scrutinize language for its Latin Americaness, it's not possible to discern a solely Latin American figure during this time. In fact, such a search is quite European, even if Europe is in debt to the native populations of the Americas, the conquest, and the colonization of the continent for its emergence.

It goes without saying that the figure of modern intellectuals is enthroned in the universalism we associate with Modernity, a dispositive traceable to the discovery of the region. Worshipers were the ones that, in the native universe, interpreted good from evil and served as advisers to the ruling elites. The *Amautas* in the Incan empire were the ones that spoke the oral teachings of its people. In the Popol Vuh, for instance, one finds a description of the creation of the world and mankind. These ideas were very far from Western ideas of progress and were based on fatality and sacrifice, essential for religious and magical thought. Nature inspired adoration to divinities that assured life in a hostile world.

The figure of the worshipers is divided, with the onset of the colonization, in two genealogical lines that had the effect of eliminating or transforming its role. These are the *encomenderos* and the European *cronistas* (this is why the Columbian diary is considered the first work of literature of the Latin American continent). There will later be Latin American figures as the Inca Garcilaso de la Vega, who will take the role of the European chroniclers. They were also, as it is evidenced by the work of Bartolomé de las Casas and Montesinos, priests who will fervently assumed the cause of the native populations in the European and colonial scenarios. If the intellectual is the reflection of what is universal through the rendering of a language, an identity, which can be reflected in him or her, he is no other than what is universal and Latin American. The narcissistic, egoistic, and Oedipal structure of what are alienated relations is thus the origin, the place, and the motivation of colonialism since all these institutions respond and were possible not only because of a violent conquest, but to the kind of knowledge I have been making reference to.

Repartimientos or *encomiendas* were the institutions the Spanish crown devised for the settlement of the Latin American continent. They assigned a chieftain to an *encomendero* for them to work the mines. It was the hardship of the *encomienda* and the enslavement of the Indians that led Montesinos to question the treatment they were receiving. It is important to note that the *repartimiento* and the *encomienda* were socializing institutions as they were the first economic unit of the New World. With the *encomienda*, language and Christianity were taught or imposed to the natives of the Americas. Later on, this role will be taken on by universities and monasteries. It was there that the teachings of the Enlightenment were spread through Latin America and, needless to say, from which modern intellectuals will finally arise. As a reaction to the concerns of priests due to the role and practices of the *encomienda*, the Spanish crown devised a second kind of administrative unit, the city councils or *cabildos*, around which cathedrals and universities were first built. These *cabildos* became the first cities of Latin America, the final unit through which the conquest of the continent took place.

The Spanish and Portuguese exploration and conquest of Latin America did not necessarily followed a coherent plan, but an individual desire for personal wealth and family propelled territorial expansion. The development of permanent settlements (as cities and *encomiendas*) and the introduction of sugar cultivation led to a rapid expansion of Indian slavery. The Columbian exchange (plants, animals, and diseases) altered the demographic and economic landscape of the New and Old World. The Council of the Indies was responsible for overseeing colonial affairs from its foundation in 1524. Viceroys, as administrative units above the cities, were dully established. These units were responsible for general administration, the imposition, collection, and distribution of taxes and the remittance of revenue to Spain. It also foresaw the construction of public works, the maintenance of public order, and the defense from foreign enemies and internal rebellions. The Church joined the colonial bureaucracy as a major institutional force with European power in the New World.

Conversion of the Indians and the justification of the Spanish presence in the Indies was the Church's initial priority. It imposed Christian beliefs and social practices as monogamy through a mission system. The forced migration of Africans added a third racial group to the colonial racial composition. Sexual unions of Iberians, Indians, and Africans created groups whose importance increased through the colonial era. These groups worked in an economy based on bullion and sugar as main exports and minerals found in the Americas. It would be later, in the 18th century that agricultural products would emerge from the shadows of the mineral based economy.

The wealth produced in America promoted the consolidation of Iberian power in Africa and Asia. Indians, Spaniards, and Africans witnessed the emergence of the *criollo* class. It is this social group that will later emerge from the colonial institutions and rebel from Spain. The *criollos* will be the first modern Latin American and the first intellectuals as we know them today. They were the ones who "liberated" Latin America from the colonial impositions of Spain. Then, they were the first to make up plans for collective endeavors in Latin America. This role had been incipiently undertaken by the *cronistas*, both European and Latin American, and by priests during the first centuries of the conquest. By the middle of the 17th century, *castas* and free men and women of mixed ancestry were the largest population sectors in most urban and mining centers of Latin America. After the conversion of the native people, the Church achieved its greatest success in founding institutions that protected and transmitted the intellectual authority of Europe.

During the 16th and 17th centuries, universities sprang in the Spanish colonies and, by the end of the Colonial era, had given nearly 150,000 university degrees. By the mid 17th century, published sermons contained elements of *criollo* nationalism as the condemnation of European interventions in the continent. Latin America was thus prepared for independence and the final overthrow of divine modes of authority for the authority of reason, values that were part of the French Revolution and the North American war on independence. Newspapers and published materials were made available late in the 18th century to the 10% of the population since the printing press made its way into Latin America by the 16th century.

The most prominent colonial intellectual was Sor Juana Inés de la Cruz. Her best work exemplifies the inherent tension between the claims of reason and emotion, and science and revelation. The apparition of colonial literatures lies in the emergence of a *criollo* class that combined the Baroque with what was considered Hispanic and what was considered indigenous. This genre is considered the first American literary impetus. Universities were of central importance in the formation of this American period that, as it seems obvious, will eventually lead into the independence period of the region.

The work of those considered colonial intellectuals was derivative of the work of European intellectuals. The inherent tension between divinity and reason was typical of the Baroque era that characterized the late colonial period. The Spanish Baroque was a style that embodied the spiritual, moral, and religious decadence of the empire. This movement recorded the loss of Spanish prestige and the widespread disenchantment with the optimism of the Renaissance.

Criollo folklore and colonial literatures were the first cultural movements of the Americas and the ones that definitively recorded a different kind of preoccupations in the Americas. As the 18th century progressed, the writings of French enlightened philosophers entered the intellectual scenario of Spain and the Americas, hybridizing itself with the movements just described.

The Enlightenment challenged the traditional divine authority and emphasized the reliance on observation, experience, and experimentation. The ideas of the Enlightenment spread through the region through the usual means: sermons, universities, monasteries, informal discussions in academic and salons, and through illegal pamphlets and graffiti. By the end of the 18th century, skepticism towards European authority, observation of nature, and experimentation based on inductive reasoning had transformed the intellectual scenario of Latin America.

A rapid deterioration of Spanish finances, due to war and the maintenance of the colonial bureaucracy, disrupted the normal trade between Spain and the colonies. This economic change profoundly affected Spain's political relations with the colonies. Its inability to maintain its trade led the colonial officials to open trade posts with neutral traders. In 1809 Spain issued a decree to let the colonies elect officials to a central *junta*, and deputies to the Spanish *Cortes*. The decree was an official admission that Americans were oppressed, but now were to be free and equal to Spaniards. This declaration raised colonial expectations and reinforced the sense of grievance that was common among *criollos*. The return of Ferdinand to the Spanish throne meant trying the pacification of the colonies and the reversal of the decree of 1809.

Chile, Argentina, and Paraguay had proclaimed their independence. There are many reasons enumerated by historians that explain the precipitation of the independence of Latin American countries. One was the growing *criollo* self-consciousness and the ideas of the Enlightenment. These enlightened attitudes are exemplified by the history and what happened thereafter to Spanish language. Self-consciousness, in turn, meant thinking oneself as a separate entity from Europe.

If there is any coherence to what I have thus far said, Latin American enlightenment has been nothing other than the discovery of the self as an essence. That is why there is in Latin America a Rodó and a García Márquez, as there was a Montesinos, a Sor Juana, and a Las Casas. This is why there is a left, there are intellectuals and there have been revolutions. In Latin America the study of the Spanish language, as it can be learned from the case of Nicaragua, has taken three moments that exemplify the formation of a particular kind of attitude towards it. The process culminated in a never ending search for the Latin Americaness of Spanish or a hermeneutic desire to give meaning to a language due to its belonging to certain people, history, traditions, and a place on earth (what is a nationalism of language).

From 1823 to 1927 studies by Juan Eligio de la Rocha and Mariano Barreto were dedicated to striping any "popular errors" from the language of Spain. The idea was to "protect" Spanish from a growing linguistic and social reality native to the Americas. The period of 1878 to 1930 witnessed the work of Anselmo Torres Bolaño, who argued for the existence of an American Spanish. Around the same period, a process to search for what was Latin American in language began.

Valle decided that what became Nicaraguan Spanish was made of Creole, Indian, and Spaniard voices in the same conformation of language. Such a treatment served the emergence of Nicaraguan nationalism in the beginning of the 20ᵗʰ century, a process that was already motivated during the period of independence. For, on the one hand, this language strived to create a homogeneous community, find the truth of language, and do so through the othering of Spain and the United States. The culmination of such a process of nationalization of language and the articulation of an "autonomous" identity culminates with the emergence of the category of the literary that, in Latin America, has its major exponent in Gabriel García Márquez. This process and what it produced is the obvious inheritance of the colonization as it contains its major traces.

Independence leaders drew their ideological orientation mostly from the Cartesian position, which held that reason is the central reality of human existence. With independence, they thought, society would become more rational, while reason (what can be called social rationality) could perfect man within it. This stemmed from the French Revolution and North American War of Independence. The assumption was that Spanish intervention in Latin America was a fetter to the rationalization of society and that of man. These ideas prepared Latin Americans for the reception of Voltaire, Montesquieu, Locke, Benjamin Franklin, Thomas Paine, and Thomas Jefferson. This process decisively marked the transition from the colonial period to the Modern era of independence.

Independence leaders, however, sharply differed on how to shape an independent Latin America. Many of them were monarchists who hoped the Spanish empire could be rebuilt, others were republicans and others federalists. Bolívar, for instance, admired the British constitution and thought that Latin America was not ready for federalism due to the illiterate masses of Indian and *mestizos*. In literature, as it happened in politics, one finds in the course of the period of independence the emergence of a neo-classicism that was concerned with harmony and patriotism. This is the time of the first Latin American novel by José Joaquín Lizardi, who published *El Periquillo Sarmiento*.

During the second half of the 18th century one finds the development of the first expressions of Latin American nationalism in romanticism. These will, as *gauchesca* poetry, exalt the expressions of the heart against the rational measure of neo-classicism. Romanticism will be turned into naturalism and realism as an introduction to a Latin American modernism. Realism and naturalism will incorporate a Latin American *costumbrismo* as a mirror of society during the second half of the 19th century. Naturalists and Realists reflected the evident class struggle in Latin America as they described other social illnesses. In economics, the beginning of the 19th century saw the exclusion from the international economy and the establishment of liberalism's import-export model of development. These developments led into massive migrations from the countryside and the emergence of a labor movement that, among other things, saw the emergence of Marxism and anarcho-syndicalism. Modernism, in turn, developed in Latin America as a combination of Parnacianism and Symbolism while it established a decidedly romantic sensibility.

It will be later on, with the boom writers during the 60's, that such a form of representation will reach its modern limit in the fragmentation of space, the jettisoning of progress, and the repetition of the same. During this past century, another crucial movement emerged through the various expressions of vanguardism. Vanguardism includes a variety of movements that range from Fauvism, Cubism, Expressionism, Imaginism, Dadaism, and Surrealism. These are schools that, against the teachings of Modernism, the Enlightenment and Classicism, will attack reason and realism. Vanguardist artists were motivated by the European avant-gardes but Latin American vanguardism grew out of and responded to Latin America's cultural concerns. In particular, Latin American avant-gardes were part of the construction of national literatures or canons, even if they were against reason and the dispositions of classicism. The vanguardist artist conducted its activity not from separated heights, but from within a contingent world.

During the 1920's, at the level of politics and economics, the collapse of the world economy ushered in Latin America a period of import substitution industrialization, which changed liberalism, a tradition that characterized most of the 18th, 19th and 20th centuries. Intellectuals, in the tradition of Dario, will represent the condition of the continent with relation to social structures, the international market or the existence of class society. This time around, they developed various strands of theoretical endeavors around what has been called dependency theory. Although there are many traditions related to dependency theory (around the figures of Raúl Prebisch and Fernando Enrique Cardoso), it was a unified way to represent anomalies in the structural composition of society. These diagnostics were intensely related to the idea of revolution, a key protagonists of the intellectual endeavors of the 20th century. With revolution, the role of intellectuals blossomed like no other time since their first appearance.

Marxism, mounted on top of the tradition of Darío, Rodó and Mariátegui, became the new credo of the region intellectuals, the new priests, and Latin America's new Church. The university, since in Latin America there has been a tradition of public intellectuals similar to Europe, became, in contrast to the Church, intellectuals and their credo, a youthful fountain of rebellion. During this period there were in Latin America intense interventions of the state in society and its economy. Intellectuals will consider themselves, as García Márquez suggest, the moral consciousness of the continent. In Argentina as in Chile, the 20th century brought authoritarian bureaucratic regimes due to the "crisis" of various left regimes.

As part of these developments one finds the decisive emergence of the *pueblo* or Latin American way to call a "culturalized" population. This has been one of the most enduring institutions of Latin American modern history. Although there has been a relation between intellectuals and the state, its actions have been more prominent when they have assumed legitimizing stances in favor of a particular state rather than its actual administration. A Latin America's credit crisis during the 80's was accompanied by an economic slump during the same decade that created the conditions for the emergence of what is still called Neo-liberalism. Later in the beginning of the 21st century one finds a crisis of thought, of the whole spectrum of thought, which is still prevalent today.

REFERENCIAS

Abril, T. (2005). General introduction. En Ana del Sarto, Alicia Ríos & Abril Trigo (Eds.), *The Latin American Cultural Studies Reader.* (pp. 1-14). Durham: Duke University Press.

Adorno, T. (1981). *Negative dialectics.* New York: Bloomsbury Press.

Alarzki, J. (1990). Borges' modernism and the new critical idiom. En E. Aizenberg (Ed.), *Borges and His Successors: The Borgesian Impact on Literature and the Arts.* (pp. 99-108). Missouri: University of Missouri.

Anderson, B. (1991). *Imagined communities: Reflections on the origin and spread of nationalism.* New York: Verso.

Ashley, R. (1987). The geopolitics of geopolitical space: towards a critical social theory of international relations. *Alternatives: Global, Local, Political 12*, 403 - 434.

Bartelson, J. (1995). *A genealogy of sovereignty.* Massachusetts: Cambridge University Press.

Barthes, R. (1964). *Elements of semiology.* New York: Hill and Wang.

Barthes, R. (1977a). *Image, music, text.* Hill and Wang: New York.

Barthes, R. (1977b). *Writing degree zero.* New York: Hill and Wang.

Barthes, R. (1981). *Camera lucida.* New York: Hill and Wang.

Barthes, R. (1982). *The empire of signs.* New York: Hill and Wang.

Barthes, R. (2007). *The neutral: Lecture course at the College de France (1977-1978).* New York: Columbia University Press.

Baudrillard, J. (1983). *Simulations*. New York: Semiotext(e).

Baudrillard, J. (1995). *Simulacra and simulations*. Michigan: University of Michigan Press.

Benjamin, W. (1968). The work of art in the age of mechanical reproduction. En H. Arendt (Ed.), *Illuminations: Essays and reflections*. (pp. 217-251). New York: Schoken Books.

Bernauer, J. (1988). *The final Foucault*. Massachusetts: MIT Press.

Beverly J., Oviedo, J. & Arona, M. (1995). *The postmodernism debate in Latin America*. North Carolina: Duke University.

Bhabha, H. (1992). The home and the world. *Social Text, 31/32*, 141-153.

Borges, J. L. (1956). *Ficciones*. New York: Bristol Classics Press.

Burger, P. (1984). *A theory of the avant-garde*. Minnesota: University of Minnesota Press.

Calinescu, M. (1987). *Five faces of modernity: Modernism, avant-garde, decadence, kitsch & postmodernism*. Durham: Duke University Press.

Campbell, D. (1987). *Writing security: United States foreign policy and the politics of identity*. Minnesota: University of Minnesota Press.

Chartier, R. (2009). La historia hoy en día: desafíos, propuestas. *Revista Electrónica: Actas y Comunicaciones del Instituto de Historia Antigua y Medieval, 5*. Recuperado de http://www.filo.uba.ar/contenidos/investigacion/institutos/historiaantiguaymedieval/publicaciones.htm

Colás, S. (1994). *Postmodernity in Latin America: the argentine paradigm*. North Carolina: Duke University Press.

Crimp, C. (1993). The photographic activity of postmodernism. En T. Doherty (Ed.), *Postmodernism: a reader.* (pp. 172-179). New York: Columbia University Press.

DeCerteau, M. (1986). *Heterologies: Discourse on the other.* Minnesota: University of Minnesota Press.

Degli-Esposti, C. (1998). *Postmodernism in the cinema.* New York: Berghahn Books.

De las Casas, B. (2013). Brevísima relación de la destrucción de las Indias. En J. Martínez (Ed.), *Brevísima relación de la destrucción de las Indias.* Madrid: Real Academia Española.

Deleuze, G. (1962). *Nietzsche and philosophy.* New York: Universidad de Columbia.

De Man, P. (1971). Crisis and criticism. En P. De Man, *Blindness and Insight.* (pp. 3-19). Oxford: Oxford University Press.

Derrida, J. (1978). *Writing and difference.* Chicago: Universidad de Chicago.

Derrida, J. (2002). The future of the profession or the university without conditions (thanks to the "Humanities" what could take place tomorrow). En T. Cohen (Ed.), *Jacques Derrida and the Humanities: A critical reader.* (pp. 25-57). Massachusetts: Cambridge University Press.

Dussell, E. (1995). *The invention of the Americas: Eclipse of "the other" and the myth of modernity.* New York: Continuum.

Eagleton, T. (1991). *The Ideology of the aesthetic.* New York: Blackwell.

Elias, C. (2004). *The Fragment: towards a history and poetics of a performative genre.* New York: Peter Lang.

Escobar, A. (2011). *Encountering development: The making and unmaking of the Third World*. New Jersey: Princeton University Press.

Featherstone, M., (2007). *Consumer culture and postmodernism*. New York: Sage Publications.

Fink, B. (1995). *The lacanian subject: Between language and jouissance*. New Jersey: Princeton University Press.

Foster, H. (1998). *The anti-aesthetic: Essays on postmodern culture*. California: New Press.

Foucault, M. (1965). *Madness and civilization: A history of insanity in the age of reason*. New York: Vintage Books.

Foucault, M. (1970). *The order of things: An archaeology of the Human Sciences*. New York: Vintage Books.

Foucault, M. (1972). *Archaeology of knowledge & the discourse on language*. New York: Pantheon Books.

Foucault, M. (1977). A preface to transgression. En D. Bouchard (Ed.), *Language, counter-memory, practice*. (pp. 29-52). New York: Cornell University Press.

Foucault, M. (1982). *I, Pierre Rivière, having slaughtered my mother, my sister, and my brother: A case of parricide in the 19th century*. Nebraska: University of Nebraska Press.

Foucault, M. (1984) "What is Enlightenment?" En Rabinow, P. (Ed.) *The Foucault Reader*. New York: Pantheon Books.

Foucault, M. (1986). Kant on Enlightenment and revolution. *Economy and Society*, *15*, (1), 88-96.

Foucault, M. (1994). Two lectures. En M. Kelly (Ed.), *Critique and power: recasting the Foucault/Habermas debate*. (pp. 17-46). Massachusetts: MIT Press.

Foucault, M. (2012). *History of sexuality: An introduction*. New York: Vintage.

Friedberg, A. (1993). *Window shopping: Cinema and the postmodern*. California: University of California Press.

García Calderón, M. (1997). *Lecturas desde el fragmento: escritura contemporánea e imaginario cultural en Puerto Rico*. San Juan: Centro de Estudios Literarios.

García Canclini, N. (2005). *Hybrid cultures: Strategies for entering and leaving modernity*. Minnesota: University of Minnesota Press.

García Márquez, G. (2009). *A hundred years of solitude*. Vintage: New York.

García Passalacqua, J. M. (2009). *El umbral de la promesa: Ensayos de estudios culturales puertorriqueños*. Gurabo: Universidad del Turabo.

Gilles Deleuze (1986). *FOUCAULT*. Minnesota: University of Minnesota Press.

Gordon, C. ed. (1980) *Power/Knowledge: selected interviews and other writings*. New York: Vintage.

Deleuze, G. (1987). Plato and the simulacrum. *October*, Vol. 27, 45-56.

Greenblatt, G. (1992). *Marvelous possessions: The wonder of the new world*. Chicago: University of Chicago Press.

Hall, S. (1972). Encoding/decoding. *Culture, media, language. working papers in Cultural Studies*. (pp. 128-138). Londres: Hutchinson.

Hall, S. (1990). Cultural identity and diaspora. En J. Rutherford (Ed.), *Identity: community, culture, difference*. (pp. 222-237). London: Lawrence & Wishar.

Harvey, D. (1990). *The Condition of postmodernity*. New York: Blackwell Publishers.

Held, D. (1980). *Introduction to critical theory: Horkheimer to Habermas.* California: University of California Press.

Horkheimer M. & Adorno, T. (1969). *Dialectics of Enlightenment.* New York: Continuum.

Jameson, F. (1990). *Postmodernism or the cultural logic of late capitalism.* North Carolina: Duke University Press.

Kelly, M., (Ed.). (1994). *Recasting the Foucault-Habermas debate.* Massachusetts: MIT Press.

Kristeva, J. (1984). *Revolution in poetic language.* New York: Universidad de Columbia.

Kristeva, J. (1986). Semiotics: A critical science and a critique of science. En Moi Toril (Ed.), *The Kristeva reader.* (pp. 74-88). New York: Columbia University Press.

Kristeva, J. (2000). *Crisis of the European subject.* New York: Other Press.

Kritzman, L. (Ed.). (1988). *Michel Foucault: Politics, Philosophy, Culture, Interviews and other Writings 1977-1984.* London, New York: Routledge.

Lacan, J. (1997). *The ethics of psychoanalysis 1959-1960: The seminar of Jacques Lacan book VII.* New York: WW Norton.

Lacan, J. (1998). *The four fundamental principles of psychoanalysis.* New York: WW Norton.

Lagaay, A. (2008). Between sound and silence: Voice in the history of psychoanalysis. *Epesteme. 1*(1), 53-62.

Lecercle, J. J. (2002). *Deleuze and language.* New York: Palgrave, Macmillian.

Lyotard, J. F. (1984). *The postmodern condition: A report on knowledge.* Minnesota: University of Minnesota Press.

Lyotard, J. F. (1994). *Lessons on the analytic of the sublime.* Minneapolis: University of Minnesota Press.

Mattelart, A. & Mattelart, M. (1995). *Historia de las teorías de la comunicación.* Barcelona: Ediciones Paidós.

Monegal Rodríguez, E. (1968). Novedad y anacronismo de "Cien años de soledad". *Revista Nacional de Cultura* 185, 3-21.

Moran, M., Dussell, E., y Járegui, C., (Eds). (2008). *Coloniality at large: Latin America and the postcolonial debate.* North Carolina: Duke University Press.

Mowitt, J. (1988). Foreword. En Smith, P. (1988). *Discerning the subject.* Minnesota: University of Minnesota Press.

Mowitt, J. (1992). Algerian nation: Fanon's fetish, *Cultural Critique* 22, 165-186.

Mowitt, J. (1992). *TEXT: the genealogy of an antidisciplinary object.* North Carolina: Duke University Press.

Mowitt, J. (2005). *Re-takes: Postcoloniality and foreign film languages.* Minnesota: University of Minnesota Press.

Nancy, J. L. (1988). *The experience of freedom.* California: Stanford University Press.

Nancy, J. L. (1991). *The inoperative community.* Minneapolis: University of Minnesota Press.

Nancy, J. L. & Lacoue Labarthe, P. (1997). *Retreating the political.* New York: Routledge.

Negri, A. & Hardt, M. (2000). *Empire.* Massachusetts: Harvard University Press.

Nochlin, L. (2001). *The body in pieces: The fragment as metaphor of modernity.* New York: Thames & Hudson.

O'Shaughnessy, M. (2007). *The new face of political cinema: Commitment in French film since 1995.* New York: Bergham Books.

Pabón, C. (2005). *El pasado ya no es lo que era: Historia en tiempos de incertidumbre.* San Juan: Vertigo.

Pál Perbalt, P. (2000). The thought of the outside, the outside of thought. *Angelaki, 5,* (2), 201-209.

Ramírez, M. C. y Olea, H. (2004). *Inverted utopias: Avant-garde art in Latin America.* New York: Yale University Press.

Richard, N. (1987). Postmodernism and periphery. *Third Text,* 1, 2. 5-12.

Richard, N. (1995). Cultural peripheries: Latin America and postmodern de-centering. En J. Beverly, J. Oviedo & M. Aronna (Eds.), *The postmodernism debate in Latin America.* (pp. 217-222) North Carolina: Duke University Press.

Said, E. (1979). *Orientalism.* New York: Vintage Books.

Sarlo, B. (1994). *Scenes from postmodern life.* Minnesota: University of Minnesota Press.

Sarlo, B. (2007). *Jorge Luis Borges: A writer on the edge.* New York: Verso.

Sepúlveda, Juan J. (1941). *Tratado de las justas causas de la guerra contra los indios*. México: S.L. Fondo de Cultura Económica.

Shapiro, M. & Der Derian, J. (1989). *International/intertextual relations: Postmodern readings of world politics*. New York: Lexington Books.

Shohat, E. & Stam, R. (1994). *Unthinking eurocentrism: Multiculturalism and the media*. New York: Routledge.

Silva, E. & Navarro, C. (1993). *Razón e historia del pensamiento latinoamericano*. Managua, Nicaragua: Editorial UCA.

Skidmore, T. y Smith, P. (2001). *Modern Latin America*. New York: Universidad de Oxford.

Smith, P. (1988). *Discerning the subject*. Minnesota: University of Minnesota Press.

Sontag, S. (1978). Preface. En Barthes, R., *Writing degree zero*. (pp. vii-xxi) New York: Hill and Wang.

Tcheuyap, A. (2011). *Postnationalist African cinemas*. London: Manchester University Press.

Todorov, T. (1999). *The Conquest of the Americas: The question of the Other*. Oklahoma: University of Oklahoma Press.

Ulary, G. (2011). Rancière, Kristeva and the Rehabilitation of Political Life. *Theses Eleven, 106*, (1), 23-38.

Unruh, V. (1994). *Latin American vanguards: The art of contentious encounters*. California: Universidad de California.

Volek, E., ed. (2002). *Latin America writes back: Latin America and postmodernity: A contemporary reader*. New York: Routledge.

Wilden, A. (1968). *The language of the self: the function of language in psychoanalysis*. Massachusetts: University John Hopkins.

Williams, R. (1978). *Marxism and literature*. England: Oxford University Press.

Yúdice, G., Franco, J. & Flores, J., (Eds). (1992). *On edge: The crisis of contemporary Latin American culture*. Minnesota: University of Minnesota Press.

Žižek, S. (1997). Multiculturalism, or, the cultural logic of late capitalism. *New Left Review 1*, 28-51.

Zupancic, A. (2000). *Ethics of the real: Kant, Lacan*. New York: Verso.

Esta primera edición de

**Fragmentos I:
realidad y verdad**

se imprimió en septiembre de 2015